群書治要

人君

魏徵, 褚遂良, 虞世男 편저
이종선 옮김

지도자의 중요원칙

LEADER'S PRINCIPLES OF ANCIENT CHINA

신아사

人
治群要書 君

백 번을 읽으면 군자가 되고 한 번을 행하면 성인이 된다.

서 문

이 책의 원제목은 군서치요(群書治要)이다. 군서치요는 많은 책에서 치국에 관한 중요한 내용을 발췌하였다는 뜻이다. 역자는 이 제목을 인군이라는 말로 대신하였다. 인군이라는 말은 지도자라는 뜻을 갖고 있으며 만인의 군자, 성인, 군주라 할 수 있다. 고대 지식인들의 지도자에 대한 시각을 짐작하게 하는 단어이다. 군서치요는 당 태종 이세민의 정치 수업을 위한 개인 교습서로 발간되었다. 고대로부터 당나라 이전에 이르기까지의 많은 문헌을 취합하여 그 중에서 황제 개인의 수양과 국가 통치에 관한 부분을 발췌하여 재구성하였다. 삼천 년 전부터 천오백 년 전까지의 중원 문화의 흐름을 통치자 또는 통치자를 보좌하는 신하의 입장에서 정리하였으며 상당 부분은 민본을 강조하고 있다. 그리하여 이천 년 이상의 시대적 차이가 있음에도 불구하고 현대에 그대로 대비하여도 좋을 만큼 다방면에 걸쳐 생생한 논리가 느껴진다.

당 태종 이세민(서기 599~649년)은 16세 때부터 부친을 따라 전쟁터에 나가 난을 평정하고 10년간을 야전에서 군사 업무에만 집중하였다. 27세 때, 황제에 등극하여(정관 627~649년 재위) 부족한 문과 수업을 속성으로 취득해야 하는 필요에 따라 명을 내려 이 책을 편찬하게 하였다. 위징 등 당나라 초기 대신들은 정관 이전의 고전 문헌 육경, 사사, 제자백가 등 14,000부 이상의 89,000권의 고전 문헌에서 최종 65경전을 채택하여 수신, 제가, 치국에 관한 주요 문헌을 발췌하였다. 주역, 사기, 육도 등 총 65종의 고문헌 경전을 채택하여 50권으로 만들어 다시 각 10권씩을 묶어 다섯 권의 책으로 발간하였다.

당 태종은 이 책의 광범위함과 중요성을 높이 평가하고 매일 손에서 놓지 않았다고 한다. 이 책을 통하여 부족했던 독서량을 보충하였으며 지난 역사에서 멸망했던 나라들의 사례에서 교훈을 얻고 나라를 세우고 지켜나가는 것의 어려움을 배워 나갔다. 신하들에게는 간언을 올리게 하고 황제의 잘못된 정책을 비판하게 하였다. 당 태종시대의 태평성대는 이 책의 공헌도 적지 않았으리라 생각한다.

이 책은 황제의 정치 수업을 위하여 만들어졌지만, 사회 각층의 지도자에게도 귀중한 교훈이 될 수 있는 책이다. 서로 다른 영역과 신분의 모든 사회 구성원에게 몸과 마음을 단정하게 해 주고 영속적인 지혜를 주는 원천으로서 부족함이 없을 것이다. 가정에는 행복과 자손의 밝은 미래를 인도할 것이며 사업하는 사람에게는 재난을 미리 막아 주고 장구한 발전의 길을 찾게 해 주는 귀중한 책임을 확신한다.

송나라 때, 실전된 군서치요는 다행히 일본에 원본이 남아 있어 1616년(일본 元和 2년) 동활자 인쇄본으로 발간되었고, 이를 원화본이라 하며 1781년(일본 天明 6년)에 인쇄된 것을 천명본이라 한다. 중국 본토에서는 국민당 정부 시절에 상해 商務인쇄소에서 일본 천명본을 기초로 하여 인쇄 발간하였다. 이것을 상무본이라 한다. 천명본과 상무본을 근거로 하여 경구를 다시 발췌하여 편집한 것이다.

끝으로 최근 군서치요의 보급과 대중화에 힘쓰고 계신 淨空법사님과 말레이시아 화문화 교육 중심 관계자들의 정열과 노고에 존경을 표하며 또한 본인이 이 책을 접할 기회를 주신 하얼빈 사호문화학교에도 감사의 말씀을 전하고 싶다.

성현의 말씀을 가슴에 품어 세상의 많은 사람들이 사고의 지평을 같이하고 그 땅에 수많은 꽃이 다시 피기를 바라마지 않는다.

2014. 5. 역자.

차 례

제 1권 군도(君道)

제 2권 교화(教化)

제 3권 신도(臣道)

제 4권 위정(爲政)

제 5권 인과(因果)

부 록

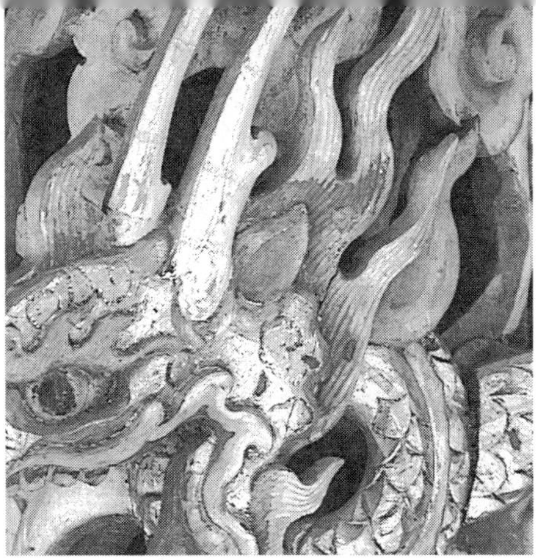

제 1권
군도(君道)

THE WAY OF A
LEADER

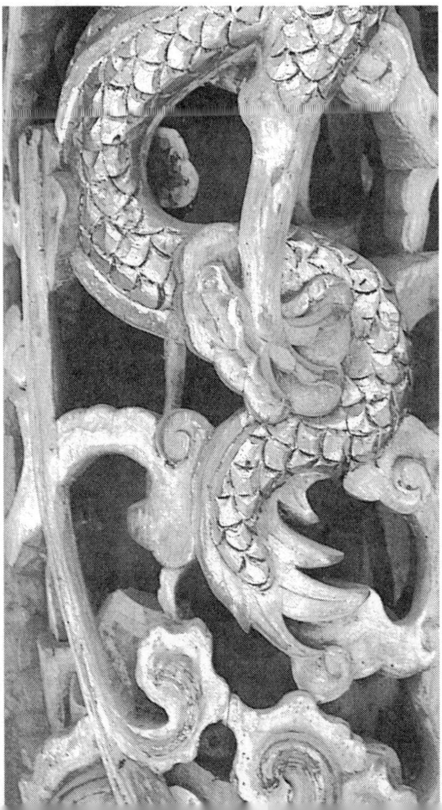

1

수신(修身)

1

自成康以來, 幾且千歲, 欲爲治者甚衆, 然而太平不復興者, 何也? 以其舍法度, 而任私意, 奢侈行而仁義廢也. (卷十九漢書七)

성강 시대로부터 거의 천 년에 가까운 세월을 되돌아보면 천하를 다스리고자 하는 자들은 많았으나 태평성대는 다시 오지 않았다. 그 이유는 무엇일까? 올바른 법도를 버리고 임의로 사욕을 앞세움으로써 공정무사를 이루지 못하였으며 인의를 폐하고 사치를 일삼아 사회의 기강과 도덕이 무너졌기 때문이다. (제 19권 한서 7집)

—— **成康**(성강): 주(周) 나라 성왕과 강왕시대. 가장 태평성대의 시기로 40년 동안 감옥이 비어 있어 형벌이 시행되지 않았다고 전한다.

幾且(기차): 거의, 대략

2

夫物速成則疾亡, 晚就則善終. 朝華之草, 夕而零落 ; 松柏之茂, 隆寒不衰. 是以大雅君子惡速成. (卷二十六 魏志下)

무릇 모든 사물은 빨리 얻은 성장이 쇠망 또한 빠르다는 사실을 우리에게 보여 준다. 적당한 시간과 장소에서 충분히 여유 있게 일을 성취하는 것이 오히려 좋은 결과를 가져 온다.

아침에 핀 꽃이 하루도 가지 못하고 저녁때면 지고 마는가 하면 무성한 소나무는 혹독한 추위에도 쇠락하지 않고 오래 견디어 낸다. 따라서 덕이 있고 현명한 군자는 일이 빨리 이루어지는 것을 반기지 않는다.

(제 26권 위지 하편)

—— **夫**(부): 무릇. 凡(범)과 같은 의미
疾(질): 급속히, 빨리
就 (취): 이루다, 성취하다
隆寒(륭한): 매우 추운

3

夫利, 百物之所生也, 天地之所載也, 而有專之, 其害多矣!
(卷十一 史記上)

무릇 이윤을 남기는 일은 만물을 생산하는 근본이다. 만물을 창조한 천지 품에서 다시 길러져 나온 것이다. 따라서 만일 누구라도 이를 독점할 생각을 갖는다면 이는 천리를 어기는 것이다.

그러한 독점적 현상이 자원을 마음대로 전횡함으로써 돌아오는 불균형의 해악이 아주 크다. 매점매석으로 인한 상거래 질서의 왜곡으로 인한 심각한 피해와 백성들의 생활을 어렵게 만드는 대상업자본의 횡포를 우려한 내용이다.

(제 11권 사기 상편)

—— **專利**(전리): 독점이익

4

五色令人目盲；五音令人耳聾；五味令人口爽；馳騁田獵, 令人心發狂；難得之貨, 令人行妨. (卷三十四 老子)

오색은 사람들로 하여금 눈을 멀게 하고 오음은 사람들로 하여금 귀를 멀게 하며 다섯 가지 맛은 사람들로 하여금 미각을 잃게 할 것이다. 말을 타고 수렵을 하는 것은 사람들로 하여금 마음에 광기를 불러일으키고 귀한 재화나 보물은 사람들로 하여금 몸을 망치는 행위를 서슴지 않게 한다.

탐욕을 절제함으로써 몸을 보전하라는 뜻이 담겨 있다. 사람들은 방종하고 호색하여 정기를 상하고 나아가서는 사물을 제대로 보지 못하는 지경에 이른다. 또한 듣기 좋은 소리만 들으려 함으로써 들리지 않는 소리는 아예 들으려 하지도 않는다. 절제됨이 없이 좋은 맛에만 탐닉하고 입은 하고 싶은 대로 놀리니 결국 망언을 일삼고 도와 덕을 잃게 된다.

바른 정신을 가지려면 마음을 안정시키고 평정된 시간을 많이 갖도록 해야 하는데 요즘에는 갈수록 사람의 정신을 흩뜨리고 광분하게 하는 것에 흥미를 갖는다. 또한 귀한 재화와 보물은 끊임없이 탐욕을 불러일으켜 스스로를 해치는 행동을 하게 하고 결국은 몸을 욕되게 한다. 무릇 사람들에게는 위에서 말하는 많은 욕정을 끊어 내고 탐욕에서 벗어나 오성을 지키는 것이 몸을 올바르게 보전하는 길이다. (제 34권 노자)

—— 五色(오색): 청(青), 적(赤), 백(白), 흑(黑), 황(黃)
五音(오음): 궁(宮), 상(商), 각(角), 치(徵), 우(羽)
五味(오미): 신맛[酸], 단맛[甛], 쓴맛[苦], 매운맛[辣], 짠맛[鹹]
放(방): 손해 보도록 버려 두다의 뜻.

5

訓有之, 內作色荒, 外作禽荒. 甘酒嗜音, 峻宇雕牆. 有一于此, 未或弗亡. (卷二 尙書)

우왕시절 가르침에서 말하기를

「안으로는 주색에 빠지고 밖으로는 수렵에 빠져 있다. 술과 가무를 즐기는 것에도 만족을 못하여 높고 큰 집을 호화롭게 장식한다. 이것들 중에 단 하나라도 해당이 된다면 나라가 망하지 않을 수 없다.」라고 하였다. (제 2권 상서)

—— **禹王**(우왕): 하(**夏**) 나라를 창업한 성군
禽荒(금황): 사냥에 빠지다.
峻宇雕牆(준우조장): 높고 큰집에 호화롭게 장식을 한 집
未或(미혹): 없다.
弗(불): 아니다[不]와 같은 의미

6

亂國之主, 務於廣地, 而不務於仁義, 務於高位, 而不務於道德, 是舍其所以存, 而造其所以亡也. (卷三十五 文子)

혼란한 나라의 지도자를 보면 땅을 넓히는 데는 힘쓰면서 인의를 세우는 데에는 힘을 쓰지 않는다. 직위를 높이는 데 힘을 기울이면서 도덕을 지키는 것에는 힘을 쓰지 않는다. 이것은 자신이 존재할 수 있는 곳은 버리고 자신을 망하게 할 곳을 새로 조성하는 꼴이다. 살 곳을 버리고 죽을 곳을 찾아 간다는 말이다.

어려운 때일수록 과도한 탐욕을 절제하여 실익을 다지고 인의로써 백성의 마음을 얻고 도와 덕을 지켜 하늘의 순리를 따라야 화를 면한다는

교훈이다. (제 35권의 문자)

—— 務(무): 힘쓰다. 열심히 노력하다.

7

人主之大患, 莫大乎好名. 人主好名, 則群臣知所要矣. (卷四十八 體論)

지도자의 가장 큰 병은 이름을 날리고 싶은 욕망이 너무 크다는 것이다. 지도자가 명예를 좋아하면 그 밑에 있는 신하들은 지도자가 원하는 바를 바로 알아차린다.

지도자가 허영에 대한 애착이 크고 그러한 마음이 많음을 신하들이 알게 되면 신하들은 바로 거기에 맞추어 허영심을 자극하는 말들로 비위를 맞추게 된다. 따라서 올바른 보고를 받기 어렵고 간신들이 늘어난다. (제 48권 체론)

—— 人主(인주): 지도자, 군주, 군왕

8

古之人曰 :「一夫不耕, 或受之飢 ; 一女不織, 或受之寒.」生之有時, 而用之無度, 則物力必屈. 古之治天下, 至纖至悉也, 故其蓄積足恃. (卷十四 漢書二)

예로부터 전해오는 말에 따르면

「농부가 밭을 갈지 않으면 굶을 수 있고, 아녀자가 옷감을 짜지 않으면 추위에 떨 수 있다.」라고 한다.

생산하는 것은 때가 있고, 사용하는 것에는 절도가 있어야 하는데 그렇지 못하면 물자는 필히 소진되어 쓸 것이 없게 될 것이다. 옛날 천하를 다스림에는 아주 세심한 주의를 기울여 소비하고 또한 저축함으로써 여기에 의존하여 사는 백성들에게 부족함이 없도록 하였다.

(제 14권 한서 2집)

—— 屈(굴): 소진하다. 다하여 없어지다.
恃(시): 의존하다. 의지하다.

9

脩身治國也, 要莫大於節欲. 傳曰 :「欲不可縱.」 歷觀有家有國, 其得之也, 莫不階於儉約 ; 其失之也, 莫不由於奢侈. 儉者節欲, 奢者放情. 放情者危, 節欲者安. (卷四十七 政要論)

몸을 수양하고 나라를 다스림에 있어서 탐욕을 절제하는 것만큼 중요한 것은 없다.

경전《예기》에서 이르기를

「욕망은 방종하게 놓아두어서는 안 된다.」라고 하였다.

여러 가정과 국가를 두루 살펴보면 그러한 도리를 얻은 자는 근검절약을 실천하지 않은 자가 없었으나 그러한 도리를 얻지 못한 자는 모두 사치와 낭비의 길로 빠져든다. 근검절약하는 자는 욕망을 절제하지만 사치와 낭비를 하는 자는 육정을 제멋대로 방종 한다. 육정을 방종 하는 자는 위험하고 욕망을 절제하는 자는 안전하리라. 모든 가정의 가장이나 국가의 지도자는 모두 탐욕을 절제하느냐 아니냐의 여부에 따라 그 운명을 달리한다. 욕망을 절제하여 가장의 심신이 건강하면 가정이 편안하다. 나라를 다스리는 군주가 탐욕을 절제하는 덕과 도를 쌓으면 군주의 신명이 또렷해져 군주가 안전해지고 국가 또한 오래 보존할 수 있다. 반대로 탐욕을 절제하지 못하여 사치와 낭비의 길로 빠지게 되면 방종에 휩쓸려 정신이 혼미하게 되고 결국 몸을 해쳐 가정을 망치고 국가를 망쳐 수명을 단축하게 된다는 말이다. (제 47권 정요론)

—— 傳(전): 예기를 말함.
六情(육정): 희(喜), 노(怒), 애(哀), 락(樂), 애(愛), 오(惡)

10

禁令不明, 而嚴刑以靜亂；廟筭不精, 而窮兵以侵鄰. 猶釤禾以討蝗蟲, 伐木以殺蛣(蛣作蠹)蝎, 減食(減食作食毒)以中蚤蝨, 撤舍以逐雀鼠也. (卷五十 抱朴子)

국가의 금령이 불명확함에도 엄한 형벌로 다스리고 조정에서 계책을 정확히 짜기도 전에 병력을 남용하여 이웃 나라를 침범한다. 이것은 마치 밭의 황충을 없애려고 농작물을 모두 잘라버리는 것과 같으며 나무의 해충을 죽이고자 나무를 잘라내는 것과 같다. 또한 벼룩 · 이를 잡으려고 독약을 삼키거나 참새나 쥐를 쫓으려고 집을 허무는 것처럼 무모하기 이를 데 없는 행위이다. 노여움을 자제하지 못하면 판단력이 흐려져 큰 화를 입게 될 수 있다. (제 15권 포박자)

—— 靜亂(정란): 난을 평정하다.
廟算(묘산): 조정이나 제왕의 대전진행 계획 또는 비책
窮兵(궁병): 무력을 남용하는 것
釤(삼): 베다.
蛣蝎(길할): 나무속에 기생하는 굼벵이를 잡다.
中(중): 죽이다.
蚤蝨(조슬): 벼룩과 이

11

夫聖人以天下爲度者也, 不以己私怒, 傷天下之功. (卷十七 漢書五)

성인은 천하 만민들의 이해가 관련된 일들을 판단해야 할 위치에 있다. 그러므로 개인의 사적인 기분으로 인해서 천하의 공의를 해쳐서는 안 된다. (제 17권 한서 5집)

—— 度(도): 측정하다.
功(공): 공의(公義), 공공의 정의

12

子曰 :「我三人行, 必得我師焉. 擇其善者而從之, 其不善者而改之.」(卷九 論語)

공자가 말하길
「세 사람이 같이 가다 보면 필경 그 안에서 나를 가르칠 사부를 만나게 된다. 그가 바른 사람이면 그의 좋은 점을 따라 배우면 되고 그가 바르지 못한 사람이면 그의 나쁜 점을 보고 나를 되돌아보고 반성하여 나에게 그와 같은 점이 있다면 고쳐서 바로 잡도록 해야 한다.」라고 하였다. (제 9권 논어)

13

子曰 :「過而不改, 是謂過矣.」(卷九 論語)

공자가 말하길
「잘못은 스스로 고쳐야 한다. 그러나 이를 고치지 않는다면 고치고자

하지 않는 그 마음 자체가 더 큰 잘못이다.」라고 하였다. (제 9권 논어)

14

子貢曰 :「君子之過也, 如日月之食焉 : 過也, 人皆見之; 更也, 人皆仰之.」(卷九 論語)

자공이 말하길

「군자의 잘못은 일식 · 월식과도 같다. 잘못이 있으면 모두가 일식 · 월식을 구경하듯 바라보지만 그 잘못을 고치고 새로이 하면 일식 · 월식이 지나고 다시 나오는 밝은 빛을 반기듯 즐거운 마음으로 반겨 우러러 본다.」라고 하였다. (제 9권 논어)

—— 食(식): 일식 · 월식의 蝕(식)을 뜻함.

15

古者聖王之制, 史在前書過失, 工誦箴諫, 庶人謗於道, 商旅議於市, 然後君得聞其過失也. 聞其過失而改之, 見義而從之, 所以永有天下也. (卷十七 漢書五)

종전 성군의 제도 중에는 사관이 군주 앞에서 군주의 과실을 기록하는 제도가 있었다. 사관은 과실의 내용을 적고 공이라는 관리는 훈계를 간하는 시문을 소리 내어 읽었다. 백성들은 거리에서 군주의 과실을 비방하고 상인들은 시장에 모여 앉아 군주의 잘못을 논의하였다. 이런 후에 비로소 군주가 자신의 과실을 들을 수 있었다.

군주가 자신의 과실에 대해 듣고 이를 고친 것은 자신의 행위가 도의에 부합하는지를 직접 듣고 그에 따른 것으로서 그들이 천하에 오랫동

안 재임할 수 있었던 이유이다. (제 17권 한서 5집)

—— 史(사): 고대 군왕 좌우에서 문서를 기록하던 사관
工(공): 고대에 시 · 문장을 읽거나 낭송하던 관리
庶人(서인): 평민 또는 백성

16

大忌知身之惡而不改也, 以賊其身, 乃喪其軀, 有行如此, 之謂大忌也. (卷三十一 鬻子)

사람이 피해야 할 것들 중 가장 큰 것은 자신의 잘못을 알면서도 고치지 못하는 것이다. 이것은 자신의 몸을 상하게 하고 결국에는 그 생명을 상실하게 하니 이러한 행위야말로 사람이 멀리해야 할 것들 중에 가장 큰 것이라 말할 수 있다. (제 31권 육자)

17

先民有言, 人之所難者二, 樂知(知作攻)其惡者難, 以惡告人者難. (卷四十六 中論)

옛말에 사람이 하기 어려운 일이 두 가지 있다. 하나는 다른 사람이 지적하는 자신의 결점을 흔쾌히 받아들이는 일이고 다른 하나는 자신의 결점을 다른 사람에게 말하는 일이다. (제 46권 중론)

2

제가(齊家)

1

子曰:「愛親者, 不敢惡於人; 敬親者, 不敢慢於人. 愛敬盡於事親, 而德教加於百姓, 形(形作刑)于四海, 蓋天子之孝也.《呂刑》云:『一人有慶兆民賴之.』」(卷九 孝經)

공자가 말하길

「부모를 사랑하는 사람은 다른 사람의 부모 또한 감히 싫어하지 못하며 진정으로 자기 부모를 공경하는 사람은 감히 다른 사람의 부모를 오만한 마음으로 가볍게 대할 수 없다. 이러한 사랑과 존경심으로 극진히 부모를 봉양한다면 이것이야말로 천하에 모범되는 효행으로써 만민을 교화시키기에 충분하니 이를 널리 교화시켜 그 덕행이 온 백성에게 미치도록 해야 한다. 온 세상을 고루 비춰주는 이러한 효는 마땅히 천자의 효라 할 수 있다.」라고 하였다.

《상서 · 여형》에서 말하길

「천자의 부모에 대한 효의 선덕이 천하의 만백성으로 하여금 천자에 의지하게 하니 나라가 오랫동안 안정될 것이다.」라고 하였다.

(제 9권 효경)

—— **慶**(경): 선행의 의미
兆民(조민): 고대 천자의 백성

《呂刑》(여형): 상서(尙書)의 한편. 주나라 목왕시대의 형벌에 관한 논고

2

昔三代明王之必敬妻子也, 蓋有道焉. 妻也者, 親之主也 ; 子也者, 親之後也 ; 敢不敬與? 是故君子無不敬也. 敬也者, 敬身爲大 ; 身也者, 親之支也, 敢不敬與? 不敬其身, 是傷其親 ; 傷其親, 是傷其本也 ; 傷其本, 則支從而亡. 三者, 百姓之象也. 身以及身, 子以及子, 妃以及妃, 君修此三者, 則大化愾於天下. (卷十 孔子家語)

옛날 하나라, 상나라, 주나라 삼대의 성군들은 처를 존중하고 자식을 사랑하는 것을 대단히 중하게 여겼다. 도리에 맞는 지당한 말이다.

처는 조상님의 제사를 모시고 남편과 함께 자식을 가르치는 일을 하는 사람이니 집안의 주된 역할을 하는 사람이다. 자식은 조상의 대를 이을 후대로서 소중하다. 이러하니 어찌 존중하고 사랑하지 않을 수 있겠는가? 이러하니 모든 군자는 처와 자식을 존중하고 사랑하지 않는 일이 없었다. 존중에서 가장 중요한 것은 자기 자신을 존중하는 것이다. 자신이라 함은 부모의 줄기에 해당한다. 감히 존중하지 않을 수 있겠는가? 자신을 존중하지 않으면 부모님을 상심하게 하고, 부모를 상심하게 하는 것은 그 근본을 상하게 하는 것이다. 근본이 상한다면 그 가지와 줄기도 살아남을 수 없을 것이다.

자신, 처, 자식의 이 세 가지는 바로 백성들의 모습이다. 나를 존중하는 마음으로 백성을 존중하고 내 처와 자식을 사랑하는 마음으로 백성을 사랑한다. 군주가 이 세 가지를 성실히 수행한다면 큰 교화의 흐름이 온 천하에 이르게 될 것이다. (제 10권 공자가어)

—— 妻子(처자): 처와 자식
親之支(친지지): 부모의 혈족
象(상): 본보기, 모범적인 것
大化(대화): 광범위한 교화
愾(희): 크게 퍼진다. 가득 채운다.

3

帝王之於親戚, 愛雖隆, 必示之以威；體雖貴, 必禁之以度. (卷二十四 後漢書四)

제왕은 친척을 대함에 있어 비록 아무리 좋아하는 사람이라도 필히 위엄을 보여야한다. 친척의 신분이 비록 존귀하다고는 하나 필히 법도로써 금하여 제약을 가해야 한다. (제 24권 후한서 4집)

—— 隆(륭): 깊고 두터운
度(도): 법도, 규범

4

所貴於善者, 以其有禮義也；所賤於惡者, 以其有罪過也. 今以所貴者教民, 以所賤者教親, 不亦悖乎? (卷四十五 昌言)

사람들은 보기 좋고 아름다운 행위를 존귀하게 여긴다. 그것은 그 행위가 예의에 부합하기 때문이다. 반면에 보기 싫은 것은 천박하게 여긴다. 그것은 그 행위가 예의 법도에서 벗어나 결례를 범하기 때문이다. 작금에 예의가 바른 사람들이 모범이 되어 백성들을 교화시키는데 혐오스러운 천박한 자들이 황친을 교도한다하니 이건 아주 잘못된 일이 아닌가?

—— 悖(패): 사리에 어긋나다.

5

夫知爲人子者, 然後可以爲人父 ; 知爲人臣者, 然後可以爲人君 ; 知事人者, 然後可以使人. (卷十 孔子家語)

자식 노릇을 잘할 줄 알고 나서야 비로소 좋은 아버지가 될 수 있고 어찌해야 좋은 신하가 되는지를 알고 나서야 비로소 좋은 군주가 될 수 있으며 윗사람을 잘 모실 줄 알고 나서야 비로소 아랫사람을 잘 부릴 수 있다. (제 10권 공자가어)

6

《彖》曰 : 家人, 女正位乎內, 男正位乎外, 天地之大義也. 家人有嚴君焉, 父母之謂也. 父父,子子,兄兄,弟弟,夫夫,婦婦, 而家道正, 正家而天下定矣. (卷一 周易)

《단전》에서 말하였다.

가인괘에서 보면 여자는 그 본연의 위치가 집안이며 남자는 그 본연의 위치가 집 밖이다. 이것은천지의 대의로 정해진 것이다. 가정에는 엄격한 가장이 있어야 한다. 부모가 그 역할을 해야 한다. 아버지는 아버지의 도리를 다하고 자식은 자식 된 도리를 다하며 형은 형의 도리를 다하고 동생은 동생의 도리를 다하며 남편은 남편의 도리를 다하고 아내는 아내의 도리를 다해야 한다. 이리하면 가정의 도리가 바르다 할 수 있다. 이러한 가정을 올바른 가정이라 하며 올바른 가정은 결국 하늘이 정하는 것이다. (제 1권 주역)

—— 家人(가인): 가인괘(家人卦)- 女正位乎內, 男正位乎外: 여자는 육이괘 남자는 구 · 오괘로서 남녀가 이 · 오 · 양효득정(兩爻

得正)하여 내 · 외괘의 상(象)을 나타낸다는 주역 괘풀이로 남녀가 내 · 외의 상을 나타내니 여자는 내, 남자는 외이다.

7

曾子曰 :「愼終追遠, 民德歸厚.」(卷九 論語)

증자가 말하였다.

「부모님의 장례를 예를 갖추어 치르고 먼 조상님까지 추모하니 후덕한 민심이 다시 돌아온다.」 (제 9권 논어)

—— 愼終追遠(신종추원): 부모님의 상을 치르고 그 위의 먼 조상님도 추모하다.

3
반신(反身)

1

立德之本, 莫尙乎正心. 心正而後身正, 身正而後左右正, 左右正而後朝廷正, 朝廷正而後國家正, 國家正而後天下正. (卷四十九 傅子)

군주가 덕을 세우는 근본에는 마음을 바로 하는 것만큼 중요한 것은 없다. 마음을 바로 하면 몸이 바로 서게 되고 군주의 몸이 바로 서게 되면 조정 좌우 신하들이 바른 마음을 갖게 되며 그리되면 조정이 바로 서게 되어 결국 국가가 바로 서게 된다. 국가가 바로 서게 되면 천하 또한 바로 서게 될 것이다. (제 49권 부자)

—— 尙(상): 초과하다. 아주 좋다.

2

曾子曰 :「吾日三省吾身 : 爲人謀, 而不忠乎? 與朋友交, 而不信乎? 傳不習乎?」(卷九 論語)

증자가 말하길

「나는 매일 하루에 세 차례 스스로를 돌아보고 반성한다.

사람들과 일을 할 때 진실로 충성되게 임하였는가?

친구와의 사귐에 있어 믿음을 주었는가?

학문을 가르치고 배움에 있어 부족함은 없었는가?」라고 하였다.

(제 9권 논어)

—— 傳(전): 배우는 학생에게 학문을 전한다는 의미

3

天子無戲言. 言則史書之, 禮成之, 樂歌之. (卷十一 史記上)

천자는 함부로 우스갯소리를 해서는 안 된다. 말하는 즉시 사관이 이를 기록하고 예를 갖추어 그것을 완성하고 악기의 연주에 맞추어 이를 노래하여 칭송한다. (제 11권 사기 상편)

—— 禮(예): 의식을 갖춘 큰 의식, 전례

4

神者智之淵也, 神淸則智明 ; 智者心之符也, 智公卽心平. 人莫鑒於流水, 而鑒於澄水者, 以其淸且靜也, 故神淸意平, 乃能形物之情也. (卷三十五 文子)

정신은 지혜의 연못과도 같다. 정신이 맑으면 지혜가 밝아진다. 지혜는 마음의 창고와도 같다. 지혜가 공정 무사하면 마음이 평온해진다. 사람은 흐르는 물에 얼굴을 비추어 볼 수가 없다. 물을 가라앉혀 맑게 하고 움직이지 않고 조용해야 비로소 얼굴을 비추어 볼 수가 있다. 그러므로 정신이 맑고 의지를 잔잔하게 가라앉혀야 비로소 사물의 바른 정황을 알아볼 수가 있는 것이다. (제 35권 문자)

—— 澄(등): 가라앉혀 맑게 하다.

5

子曰 :「躬自厚, 而薄責於人, 則遠怨矣.」(卷九 論語)

공자가 말하길

「자신의 허물은 엄하게 꾸짖고 남의 허물을 책망할 때는 보다 너그럽게 해야 한다. 그리하면 다른 사람으로부터 원한을 사는 일이 적을 것이다.」라고 하였다. (제 9권 논어)

—— **躬**(궁): 자신
自(자): 자신의 허물
厚(후): 강하게

6

君不肖, 則國危而民亂 ; 君賢聖, 則國家安而天下治. 禍福在君, 不在天時. (卷三十一 六韜)

군주가 군주 같지 않으면 나라는 위태롭고 백성은 혼란에 빠진다. 군주가 현명한 성군이면 나라는 안정되고 백성은 질서정연해진다. 따라서 국가의 화와 복은 군주가 어떠하냐에 달려 있는 것이지 하늘에 달려 있는 것이 아니다. (제 31권 육도)

—— **天時**(천시): 하늘의 뜻을 따라 명을 기다린다는 의미로서 시는 처분의 때를 기다린다로 해석

7

「朕躬有罪, 無以萬方 ; 萬方有罪, 罪在朕躬.」(卷九 論語)

상나라 탕왕이 말하기를

「모든 것이 나의 죄이니 만방의 제후들을 연루시키지 말라. 그들이 죄를 지은 것은 내가 좋은 귀감이 되어 만인을 교화시키지 못하였기 때문이다. 그러므로 죄는 나에게 있다.」라고 하였다.

(제 9권 논어)

—— 朕躬(짐궁): 천자 자신을 칭하는 말, 과인, 짐
萬方(만방): 각 곳의 제후

8

故明王有過則反之於身, 有善則歸之於民. 有過而反之身則身懼, 有善而歸之民則民喜. 往喜民, 來懼身, 此明王之所以治民也. (卷三十二 管子)

옛날 현명한 왕은 잘못된 일이 있으면 그 잘못을 자신에게 돌리고 잘된 일이 있으면 그 공을 만인에게 돌렸다. 잘못된 일이 있으면 잘못을 자신에게 돌려 자신을 두렵게 함으로써 반성하였으며 잘된 일이 있으면 이를 만민의 공으로 돌려 만민을 기쁘게 하였다. 기쁨은 만민에게, 두려움은 자신에게, 이것이 바로 현명한 왕이 만민을 다스리는 방법이다.

(제 32권 관자)

—— 反(반): 돌아오다. 여기에서는 돌리다의 의미
懼(구): 두려워하다.

9

傳曰:「禹湯罪己, 其興也勃焉; 桀紂罪人, 其亡也忽焉.」由是言之, 長民治國之本在身. (卷四十七 政要論)

전해 내려오는 말에 따르면

「하나라의 우왕과 상나라의 탕왕은 죄를 자신에게 물어 꾸짖음으로써 덕을 행하였다. 그 결과 두 나라가 모두 민심을 얻게 되고 나라는 흥성하였다. 그러나 하나라의 걸왕과 상나라의 주왕은 모든 죄를 다른 사람에게 물어 폭정을 일삼으니 나라는 급속히 쇠락하여 멸망하고 말았다.」라고 한다.

이것이 말해주는 의미는 백성과 국가를 오랫동안 다스릴 수 있게 하는 근본은 바로 군주자신에게 있다는 것이다. (제 47권 정요론)

—— **禹湯**(우탕): 하(夏)나라의 우왕과 상(商)나라의 탕왕을 일컫는 말로 두 왕은 고대의 성왕으로 알려져 있다.
桀紂(걸주):하나라의 걸왕과 상나라 마지막 왕인 주왕을 일컫는 말로 고대의 대표적인 폭군으로 알려져 있다.

10

孟子告齊宣王曰:「君之視臣如手足, 則臣之視君如腹心; 君之視臣如犬馬, 則臣之視君如國人; 君之視臣如土芥, 則臣之視君如寇讎.」(卷三十七 孟子)

맹자가 제나라 선왕에게 고하여 말하기를

「군주가 신하 보기를 자신의 수족과 같이하면 신하는 군주 보기를 자신들의 뱃속 장기와 심장처럼 소중히 여겨 성심을 다할 것입니다. 군주가 신하 보기를 개나 말처럼 여기면 신하는 군주 보기를 보통 사람 보듯이 할 것입니다. 군주가 신하 보기를 진흙 위의 하찮은 풀을 보듯 하면 신하는 군주 보기를 원수 보듯이 하며 앙심을 품게 될 것입니다.」라고 하였다. (제 37권 맹자)

—— **腹心**(복심): 모든 중요한 장기가 모여 있는 복부로부터 나오는 마음. 가장 중요시하는 마음을 의미한다.
國人(국인): 길가는 보통사람
土芥(토개): 진흙에서 나오는 잡풀을 가리키는 말로 하찮은 존재를 의미한다.
寇讎(구수): 원수, 적국사람

11

景公問晏子曰 :「富民安衆難乎?」對曰 :「易. 節欲則民富, 中聽則民安, 行此兩者而已矣.」(卷三十三 晏子)

제나라 경공이 묻고 안자가 대답하였다.

「백성들을 돈 잘 벌고 편안하게 살도록 해주는 것이 힘든 일입니까?」

안자가 대답하였다.

「어렵지 않습니다. 백성들이 절약하면 모두 부자가 될 것이며 국가가 중간에서 균형 있는 공정한 판단을 내려 준다면 백성들은 더욱 편하게 지낼 것입니다. 이 두 가지를 모두 행한다면 더 말할 나위 없이 좋을 것입니다.」 (제 33권 안자)

—— **中聽**(중청): 안건심리가 공평하고 이치에 합당한 것.

12

明主者有三懼：一曰處尊位而恐不聞其過；二曰得意而恐驕；三曰聞天下之至言，而恐不能行. (卷四十三 說苑)

현명한 군주는 세 가지를 무서워한다.

첫째는 높은 위치에 있음으로 해서 자신의 잘못을 다른 사람이 비난해도 이를 듣지 못할까 두려워한다.

둘째는 세상의 이치를 터득할수록 교만해질까 두려워한다.

셋째는 도리에 들어맞는 옳은 말인 줄 알면서도 이를 실행하지 못할까 두려워한다. (제 43권 설원)

—— **得意**(득의): 자신이 뜻한 바대로 일이 성사 되는 것
至言(지언): 그 상황에 가장 일치하는 말, 가장 합당한 말

13

昔成湯遭旱，以六事自責曰：「政不節耶? 使民疾耶? 宮室榮耶? 女謁盛耶? 苞苴行耶? 讒夫昌耶?」(卷二十二 後漢書二)

예전 성왕과 탕왕시절 가뭄이 들어 어려움을 겪을 때 여섯 가지 일을 스스로 자책하여 말했다.

「정사를 돌봄에 있어서 도리에 맞도록 절제를 하지 못한 게 있었는가? 백성들을 노역에 동원할 때 지나쳐서 고통을 주진 않았는가? 궁궐 실내를 너무 호화롭게 치장하진 않았는가? 왕의 여자들이 득세하여 정사에 관여한 일이 있었는가? 뇌물이 성행하지 않았는가? 험담하고 모략하는 일이 기승을 부리진 않았는가?」 (제 22권 후한서 2집)

—— 女謁(여알): 궁중에서 실세가 있는 비빈의 조언
苞苴(포저): 선물, 뇌물
讒夫(참부): 남을 헐뜯고 비방하는 사람

14

曾子曰 :「上失其道, 民散久矣. 如得其情, 則哀矜而勿喜.」
(卷九 論語)

증자가 말하기를
「윗자리에 있는 위정자가 정도를 잃게 되면 백성은 흩어져서 다시 모이기 어렵다. 만일 그 자세한 상황을 알게 되면 애절하고 불쌍하여 희희낙락하지 못하리라.」라고 하였다. (제 9권 논어)

—— 上(상): 위정자, 지도자
哀矜(애긍): 불쌍히 여기고 슬퍼하다.

15

上失其道, 而殺其下, 非理也. 不教以孝, 而聽其獄, 是殺不辜也. (卷十 孔子家語)

윗사람들이 정치를 잘못하여 도를 잃고 오히려 아랫사람을 죽이니 이는 도리에 어긋나는 일이다. 더 이상 효를 가르쳐 만민을 교화하지 않는다. 형사판결을 내림으로써 죄를 씌워 무고한 사람을 살해한다.

(제 10권 공자가어)

—— 聽(청): 재결, 판정
獄(옥): 소송안건, 범죄사건
不辜(부고): 무고죄

16

致治之術, 先屛四患, 乃崇五政. 一曰僞, 二曰私, 三曰放, 四曰奢. 僞亂俗, 私壞法, 放越軌, 奢敗制. 四者不除, 則政無由行矣. 俗亂則道荒, 雖天地不得保其性矣 ; 法壞則世傾, 雖人主不得守其度矣 ; 軌越則禮亡, 雖聖人不得全其行矣 ; 制敗則欲肆, 雖四表不能充其求矣. 是謂四患. 興農桑以養其生, 審好惡以正其俗, 宣文教以章其化, 立武備以秉其威, 明賞罰以統其法, 是謂五政. (卷四十六 申鑒)

좋은 정치를 이루어 내기 위해서는 좋은 정책이 필요하다. 정책을 시행하기에 앞서 우선 네 가지의 우환을 두려워할 줄 알아야 한다. 그런 후에 비로소 다섯 가지의 정책을 추진할 수 있다.

네 가지 우환은

첫째: 허위이다. 허위는 사회의 건전한 풍속을 문란하게 한다. 문란해져서 도가 황폐해지면 세상 어느 누가 나서도 사람들의 본성을 지켜주기 어렵다.

둘째: 사사로움이다. 사사로움은 공평무사를 어렵게 하여 법 제도의 근간을 훼손시킨다. 일단 법이 잘못되면 세상이 무너져 비록 군주라도 그 법을 지킬 수 없다.

셋째: 방종이다. 방종은 올바를 궤도를 벗어나 타락하게 한다. 사회가 올바른 궤도에서 벗어나 타락하게 되면 아무리 성인이라 하더라도 바른 품행을 지켜 내기 어렵다.

넷째: 사치이다. 사치는 욕심을 배가시켜 절제하는 마음을 약하게 한다. 절제하는 마음이 약해지고 탐욕이 기승을 부리게 되면 온 사방에서 부족한 것을 조달한다 해도 그 욕구를 충족시키기 어렵다.

이것이 네 가지 우환이다. 이 네 가지 우환을 두렵게 생각하여 해결하지 않으면 다섯 가지 정책은 추진할 필요가 없다.

1. 농업 · 잠업을 진흥하여 생산량을 늘린다.
2. 사람들이 좋아하는 것과 싫어하는 것을 잘 살펴봄으로 해서 풍속을 단정하게 한다.
3. 예악 · 문장을 선양하여 이를 장전으로 구체화함으로써 조정을 교화시킨다.
4. 군을 정비하여 장래를 대비함으로써 군주의 위엄을 확립한다.
5. 포상과 징벌을 분명하게 하여 법 심리의 정통성을 확립한다.

이것이 다섯 가지 정책이다. (제 46권 신감)

—— **致治**(치치): 국가의 정치가 안정되도록 기반을 다지는 일
四表(사표): 사방의 먼 곳까지, 온 천하에, 온 세상에
文教(문교): 예악, 법도, 문장으로 교화하는 것

4
존현(尊賢)

1

無常安之國, 無恆治之民. 得賢者則安昌, 失之者則危亡. 自古及今, 未有不然者也. (卷四十三 說苑)

세상에는 변함없이 항상 안정을 유지하는 나라도 없고 영구히 망하지 않고 다스림을 받는 백성도 없다. 현명한 군주가 다스리는 나라는 안정되고 흥성하지만 현명함을 잃은 군주가 다스리는 나라는 망하고 만다. 예부터 지금까지 그러하지 않은 나라가 없었다. (제 43권 설원)

2

書曰 :「有不世之君, 必能用不世之臣. 用不世之臣, 必能立不世之功.」(卷二十六 魏志下)

고서에서 이르기를

「뛰어난 군주는 필히 뛰어난 신하를 임용한다. 뛰어난 신하를 임용하면 필히 공을 세운다.」라고 하였다. (제 26권 위지 하편)

—— 不世(불세): 세상에 없는, 비범한

3

子曰 :「大臣不可以不敬也, 是民之表也. 邇臣不可以不愼也, 是民之道也.」(卷七 禮記)

공자가 말하기를

「군주가 명망 있는 대신을 대할 때는 공경하는 자세로 대해야 한다. 왜냐하면 대신은 백성들의 표상이기 때문이다. 가까이에서 보필하는 대신은 신중을 기해서 선발해야 한다. 왜냐하면 그들은 백성들과 직접 연결되기 때문이다.」라고 하였다. (제 7권 예기)

—— 表(표): 모범, 표상
邇臣(이신): 군왕의 가까운 곳에서 일하는 신하, 근신
道 (도): 인도(引導), 통도(通導)의 의미

4

文王好仁, 故仁興 ; 得士而敬之, 則士用, 用之有禮義. 故不致其愛敬, 則不能盡其心, 則不能盡其力, 則不能成其功. 故古之賢君於其臣也, 尊其爵祿而親之 ; 疾則臨視之無數, 死則弔哭之, 爲之服錫衰, 而三臨其喪 ; 未斂不飮酒食肉, 未葬不擧樂, 當宗廟之祭而死, 爲之廢樂. 故古之君人者於其臣也, 可謂盡禮矣 ; 故臣下莫敢不竭力盡死, 以報其上. (卷十七 漢書五)

주나라 문왕은 어진 임금으로서 인의 정치가 흥성하였다. 선비를 가까이 하고 그들을 존중하였다. 또한 선비를 등용하고 예로써 그들을 대우하였다. 왕이 이러하니 그들 또한 온 힘을 다해 왕을 보필함으로써 인의 덕이 살아 있는 태평성대를 이룬 것이다. 고로 왕이 애정과 존중하는

마음으로 신하를 대하지 않으면 신하도 성심을 다하지 않고 온 힘을 다하여 보필하지 않으니 공을 이룰 수가 없는 것이다. 따라서 옛날의 현명한 군주는 신하를 대우함에 있어 그들에게 작위와 봉록을 주어 존중하고 또한 친밀함을 기하였다. 신하가 병이 나면 여러 차례 찾아가 살펴보고 신하가 죽으면 조문하고 곡을 하였다. 상복을 입고 애도하였으며 세 차례에 걸쳐 직접 장례에 참여하였다. 죽은 신하를 염하기 이전에는 음주를 피하고 고기를 먹지 않았다. 또한 하관하기 이전에는 주악과 오락을 금하였다. 죽은 신하를 위해 음악 연주를 금하였다. 마침 종묘제를 치를 때 신하가 죽게 되면 그를 위해 종묘 음악을 중단시켰다.

이리하여 옛날의 군주는 신하를 대함에 있어 가히 모든 예의를 다하였다고 할 수 있다. 그러므로 신하는 죽을 때까지 모든 힘을 다하여 충성을 바침으로써 군주의 은혜에 보답하였다. (제 17권 한서 5집)

——— **臨視**(임시): 친히 왕림하여 찾아보다.
弔哭(조곡): 장례식에서 슬프게 곡을 하는 일
錫衰(석쇠): 고대의 상복. 석최(錫縗)로도 표기
歛(염): 통상 염(殮)으로 쓴다. 죽은 자를 옷을 갈아 입혀서 입관하는 의식
擧(거): 연주하다.

5

周公戒伯禽曰:「我文王之子, 武王之弟, 成王之叔父. 我於天下亦不賤矣. 然我一沐三捉髮, 一飯三吐哺, 起以待士, 猶恐失天下之賢人. 子之魯, 愼無以國驕人.」(卷十一 史記上)

주공은 장남인 백금이 노나라의 제후로 임명되어 떠나기 전 아들에게

말하기를

「나는 문왕의 아들이며 무왕의 동생이며 성왕의 숙부이다. 이만하면 나의 신분이 천하에 어디 가도 천한 신분이 될 수 없다. 그럼에도 어진 선비가 찾아오면 목욕을 하다가도 몇 번이라도 머리채를 손으로 움켜쥔 채 뛰쳐나가서 손님을 맞이하고 밥을 먹다가도 몇 차례라도 입에 있는 음식을 내뱉고 손님을 맞이한다. 현인을 잃는 것을 천하를 잃는 것과 같이 무서워하는 아비의 마음을 알아야 한다. 아들아. 노국에 가거든 국군으로서 사람들에게 교만하게 보이지 않도록 신중을 기해야 한다.」라고 하였다. (제 11권 사기 상편)

—— 伯禽(백금): 주공의 장남. 원래 주공이 다스리던 노국의 국군으로 임명됨. 백금은 그의 자(字)이며 금부(禽父)라고도 하였음.

愼(신): 신신당부하는 마음 國(국): 국군(國君): 제후를 의미한다.

6

惟恤十難, 以任賢能. 一曰不知, 二曰不求(求作進), 三曰不任, 四曰不終, 五曰以小怨棄大德, 六曰以小過黜大功, 七曰以小短(短作失)掩大美, 八曰以干訐傷忠正, 九曰以邪說亂正度, 十曰以讒嫉廢賢能, 是謂十難. 十難不除, 則賢臣不用 ; 賢臣不用, 則國非其國也. (卷四十六 申鑒)

현명하고 능력 있는 사람을 임용할 때에는 열 가지 어려움을 고려해야 한다.

1. 인재를 찾지 못하는 일
2. 인재를 선발하지 못하는 일

3. 인재를 임용하지 못하는 일
4. 임용한 사람을 끝까지 신임하지 못하는 일
5. 작은 서운함 때문에 덕망 있는 사람을 버리게 되는 일
6. 작은 과실로 인하여 큰 공이 있는 사람을 파면시키는 일
7. 작은 단점의 선입견에 가려져 그 사람이 갖고 있는 큰 장점을 보지 못하는 일
8. 약점을 들춰내어 질책함으로써 충직하고 정직한 마음에 상처를 주는 일
9. 도리에 맞지 않는 사악할 말을 해서 법도를 지키는 바른 판단력을 흐리는 일
10. 험담과 질시로 현명하고 능력 있는 사람을 아무 일도 못하도록 무력하게 만드는 일

이것이 열 가지 어려움이다.

이 열 가지 요소를 없애지 않으면 현명한 신하를 임용할 필요가 없다. 그러나 현명한 신하를 임용하지 않는다면 그 나라는 국가로서 바로 서기가 어렵다. (제 46권 신감)

—— 黜(출): 폐기하여 없애다. 물리치다.
掩(엄): 가려서 안보이게 하다.
干訐(간알): 악의로 남의 약점을 공격하는 일. 알간(訐奸) 또는 간알(奸訐)로도 쓰인다.

7

文王問太公曰 :「君務擧賢, 而不獲其功, 世亂愈甚, 以致危亡者, 何也?」太公曰 :「擧賢而不用, 是有擧賢之名也, 無得賢之實也.」文王曰 :「其失安在?」太公曰 :「其失在好

用世俗之所譽, 不得其眞賢.」(卷三十一 六韜)

주나라 문왕이 강태공에게 물었다.

「군주가 열심히 덕망 있는 인재를 발탁하여 임용하였으나 좋은 결과를 보지 못하고 날이 갈수록 세상은 혼란만 극심합니다. 나라가 망할 위기에 처해 있는데 이것은 어찌 된 일입니까?」

강태공이 답하였다.

「현인을 발탁했다는 것은 맞는 말이나 잘된 임용은 아닙니다. 이것은 덕망 있고 훌륭한 현인을 발탁했다는 이름뿐이지 진실로 현인을 얻은 것은 아닙니다.」

문왕이 말하였다.

「잘못된 점이 있습니까?」

강태공이 답하였다.

「잘못된 점은 세간에 명성이 있는 사람만을 발탁하려고 한 것에 문제가 있습니다. 그럼으로 해서 진실로 덕망 있고 훌륭한 현인은 얻지 못한 것입니다.」 (제 31권 육도)

—— **擧賢**(거현): 현명하고 덕이 있는 인재를 천거하여 임용이 되도록 하는 일
安(안): 어느 곳

8

爲人君而侮其臣者, 智者不爲謀, 辨者不爲使, 勇者不爲鬥. 智者不爲謀, 則社稷危 ; 辨者不爲使, 則使不通 ; 勇者不爲鬥, 則邊境侵. (卷四十二 新序)

신하를 존중하지 않고 업신여기며 무시하면 지략가는 좋은 책략을

내놓지 않고 외교를 담당하는 변사는 외교 문제를 등한시하고 용맹한 무인은 적과 싸우려 하지 않는다.

지략가는 책략을 내놓지 않으면 사직이 위태로우며 변사가 외교업무를 하지 않으면 다른 나라와 소통을 할 수 없으며 용맹한 무장이 적과 싸우지 않으면 변경에서 적이 침입하게 될 것입니다. (제 42권 신서)

—— **使**(사): 대외사절 영사업무, 외교업무

5
납간(納諫)

1

國之所以治者, 君明也. 其所以亂者, 君闇也. 君之所以明者, 兼聽也. 其所以闇者, 偏信也. 是故人君通必(必作心)兼聽, 則聖日廣矣 ; 庸說偏信, 則愚日甚矣. (卷四十四 潛夫論)

국가가 잘 다스려지고 있다는 것은 군주가 현명하여 사리에 밝기 때문이다. 국가가 혼란하다는 것은 군주가 귀가 어두워 나라가 돌아가는 상황을 제대로 파악하고 있지 못하기 때문이다.

군주가 사리에 밝은 것은 각 방면의 의견을 두루 듣기 때문이다. 군주가 현실 파악을 못하고 있는 것은 편향된 의견만을 듣게 됨으로써 다양한 의견을 들을 수 없기 때문이다. 그러므로 군주는 필히 사방을 통하게 하여 여러 가지 의견을 청취해야 한다. 그리하면 성군의 덕이 날로 넓어질 것이다.

그러나 군주가 일부 사람만 신임하여 계속 편향된 의견만 들으려 한다면 나라의 우환은 날이 갈수록 더욱 심해질 것이다. (제 44권 잠부론)

2

臣聞人君莫不好忠正而惡讒諛, 然而歷世之患, 莫不以忠正得罪, 讒諛蒙倖者. 蓋聽忠難, 從諛易也. (卷二十三 後漢書三)

신하들이 들은 바로는 군주라면 당연히 충성된 신하를 좋아하지 헐뜯고 아첨하는 신하를 좋아하는 군주는 없는 것으로 알고 있다. 하지만 역사적으로 환란의 세대를 살펴보면 충성되고 정직한 신하라 하여도 죄를 얻어 벌을 받는 경우가 없지 않았고 남을 헐뜯고 아첨하는 군주를 기만하고도 군주의 총애를 받는 경우 또한 없지 않았다. 대개 충신의 말은 듣는 것은 어렵고 간신의 말을 따르기는 쉬운 것이다.

(제 23권 후한서 3집)

—— **蒙倖**(몽행): 총애를 받다.

3

明主患諛己者衆, 而無由聞失也, 故開敢諫之路, 納逆己之言, 苟所言出於忠誠, 雖事不盡, 是猶歡然(然下有受字)之. (卷四十九 傅子)

사리에 밝은 현명한 군주는 주위에서 자신에게 아부하여 군주 스스로의 잘못을 듣지 못할 것을 우려하였다. 그리하여 과감하게 의견을 올릴 수 있는 언로를 개방하여 군주가 하는 말에 반대하는 의견도 받아들였다. 충성심에서 나온 말이라면 비록 그 사안이 완벽하지 않더라도 이를 기쁘게 받아들였다. (제 49권 부자)

—— **逆己**(역기): 자신에게 순종하지 않는 것.

4

舜曰 :「予違汝弼. 汝無面從, 退有後言.」故治國之道, 勸之使諫, 宣之使言, 然後君明察而治情通矣. (卷四十四 潛夫論)

순임금이 말하기를

「내가 모순된 말을 하고 도리에 위배되는 행동을 한다면 너희들이 나를 보좌하여 바로잡도록 해야 한다. 나의 면전에서 무조건 내 말을 따르기만 할 것이 아니라 때로는 뒤로 물러나 의논한 뒤 나에게 간하도록 하여라.」라고 하였다. 그러므로 나라를 올바르게 다스리려면 신하들에게 간언하도록 권하고 의견을 말하게 함으로써 위아래를 소통하게 해야 한다. 그러한 연후에 군주는 명확하게 실상을 파악할 수 있고 실 정황에 맞게 나라를 다스릴 수 있다. (제 44권 잠부론)

―― 弼(필): 잘못된 것을 옳게 보필하여 바로 잡는다는 의미

5

興國之君, 樂聞其過 ; 荒亂之主, 樂聞其譽. 聞其過者, 過日消而福臻 ; 聞其譽者, 譽日損而禍至. (卷二十八 吳志下)

잘되는 나라의 군주는 자신의 허물을 듣기 좋아하고 망하는 나라의 군주는 자신의 명예를 듣기 좋아한다. 과실을 듣기 좋아하는 사람은 날이 갈수록 잘못은 사라지고 행복이 찾아온다. 명예로운 말을 듣기 좋아하는 사람은 명예는 날이 갈수록 줄어들고 그 자리를 화가 채운다.

(제 28권 오지 하편)

―― 消(소): 사라지다.
臻(진): 도달하다.

6

折直士之節, 結諫臣之舌, 群臣皆知其非, 然不敢爭. 天下以言爲戒, 最國家之大患也. (卷十九 漢書七)

직접 간하는 강직한 선비의 절개를 꺾고 바른 말로 간하는 신하의 혀를 묶어 두니 이는 정사의 바른길이 아니라는 것을 모든 신하가 알고 있다. 분위기가 그러하니 구태여 서로 바른말을 하려고 경쟁하지 않는다. 천하의 모든 나라가 신하들이 의견을 말함으로써 잘못되는 것을 경계하는 법인데 사태가 이러하다면 이것은 실로 국가의 큰 우환이다.

(제 19권 한서 7집)

7

孔子曰 :「藥酒(藥酒作良藥)苦於口而利於病, 忠言逆於耳而利於行. 湯武以諤諤而昌, 桀紂以唯唯而亡.」(卷十 孔子家語)

공자가 말하길

「좋은 약은 입에 쓰지만 병을 고치는데 이롭고 좋은 말은 귀에 거슬리지만 잘못된 행동을 바로잡아 주는 데 이롭다. 탕왕과 무왕시절에는 "안됩니다. 안됩니다." 하여 나라가 번성하였고 걸왕과 주왕시절에는 "예. 예." 하는 소리에 나라가 망하였다.」라고 하였다. (제 10권 공자가어)

—— **湯武**(탕무): 상나라 탕왕과 주나라 무왕
諤諤(악악): 직언하는 모양
唯唯(유유): 예예하고 대답하는 모양

6
두참사(杜讒邪)

1

聞言未審, 而以定善惡, 則是非有錯, 而飾辯巧言之流起矣. (卷四十九 傅子)

남에게 들어서 얻은 말은 직접 살펴 확인한 것이 아닌 만큼 신빈성이 없다, 그리고 좋고 나쁨이 쉽사리 결정되고 옳고 그름 또한 쉽게 뒤바뀐다. 이러한 말들은 과장되거나 허황된 성격을 띠고 일시적으로 일어나는 특징을 갖고 있다. (제 49권 부 자)

—— 飾辯(식변): 허황된 말로 그럴듯하게 꾸며댄 말
巧言(교언): 교묘하게 꾸미는 말

2

夫人主莫不愛愛己, 而莫知愛己者之不足愛也. 故惑小臣之佞, 而不能廢也 ; 忘(忘疑忌)違己之益己, 而不能用也. (卷四十七 劉廙政論)

군주는 대부분 자기를 좋아하는 신하를 총애한다. 더욱이 자기를 좋아하는 신하가 총애를 받을 만큼 좋은 신하가 되지 못한다는 사실조차 알지 못한다. 그리하여 하찮은 신하가 아첨하는 말에 미혹되고 이들을 버리지 못한다. 자신의 의사에 위반되는 의견을 말하는 신하가 자신에게 이롭다는 사실을 잊은 듯하다. 그리하여 그들을 활용하지 못하는 것이다. (제 47권 유익정론)

—— 不足(부족): ~할 만한 것이 못되다.
小臣(소신): 직위가 낮은 관리

7

심단(審斷)

1

金玉滿堂, 莫之能守, 富貴而驕, 還自遺咎. 功成名遂身退, 天之道也. (卷三十四 老子)

금과 옥을 집안에 가득 채워도 지키기가 어렵고 부귀영화를 가졌어도 교만하고 사치하면 스스로에게 남는 건 허물 뿐이다. 공을 세우고 업적을 이루어 명성을 얻고 나서는 스스로 물러나는 것이 하늘의 도리이다. 만물이 성하고 나면 필히 쇠하듯이 이것은 하늘의 도리이다. 이것을 거스르지 않아야 몸이 상하지 않는다. (제 34권 노 자)

2

夫聽察者, 乃存亡之門戶, 安危之機要也. 若人主聽察不博, 偏受所信, 則謀有所漏, 不盡良策 ; 若博其觀聽, 納受無方, 考察不精, 則數有所亂矣. (卷四十八 體論)

두루 듣고 자세히 살펴보는 것은 국가의 존망과 안위가 걸려 있는 가장 중요한 일이라 할 수 있다. 만일 군주가 듣고 보는 것이 넓지 못하다면 일부 믿는 사람들로부터만 편중된 말을 듣게 된다. 이렇게 되면 책략에 누락되는 부분이 생겨 좋은 책략이 나오기가 어렵다. 만일 군주가 듣고 보는 범위를 넓힌다 하더라도 이를 받아들이는 바른 방법을 찾지 못하면 소용이 없다. 듣고 보는 것이 정확하지 않으면 여러 곳에서 혼란을 가져오게 된다. (제 48권 체론)

—— **數**(수): 책략

3

孔子曰 :「衆好之必察焉, 衆惡之必察焉.」故聖人之施舍也, 不必任衆, 亦不必專己, 必察彼己之謂(謂作爲), 而度之以義, 故擧無遺失, 而功無廢滅也. (卷四十四 潛夫論)

공자가 말하길

「많은 사람들이 좋아하는 데에는 이유가 있으므로 그 좋아하는 점이 무엇인지 필히 살펴보고 많은 사람이 싫어하면 그 또한 이유가 있으므로 그 싫어하는 점이 무엇인지 필히 살펴보아야 한다.」라고 하였다.

그리하여 성인은 시행할 것과 버릴 것을 구분하였다. 모든 것을 만민의 의견에만 맡기지도 않고 또한 전적으로 자신의 의견만을 고집하지도 않는다. 필히 다른 사람의 의견과 자신의 생각을 같이 고려하여 균형을 잃지 않는 정확한 판단으로 의를 지켜 나간다. 그리하여 인재를 선발하는 일에 실수를 남기지 않게 되니 그 공덕으로 정사가 망하여 없어지는 일이 없을 것이다. (제 44권 잠부론)

—— **專己**(전기): 자기 의견을 고집하다.
度(도): 법도에 대한 고려

4

人君之大患也, 莫大乎詳於小事, 而略於大道 ; 察於近物, 而暗於遠數. 自古及今, 未有如此而不亡也. (卷四十六 中論)

군주의 가장 큰 우려는 작은 일을 살피느라 국가의 중대사의 시행을 소홀히 하는 일이다. 눈앞에 보이는 작은 사물에 급급하다 보면 먼 곳을 보고 장래를 대비하는 큰 계획을 수립하는 것을 간과하기 쉽다. 옛날부터 지금까지 보면 이와 같은 일이 계속되면 망하지 않은 나라가 없다.

(제 46권 중론)

—— **遠數**(원수): 멀리 바라보는 계획

5

景公問晏子曰 :「古者離散其民而隕失其國者, 其常行何如?」對曰 :「國貧而好大, 智薄而好專 ; 尙讒諛而賤賢人, 樂簡慢而輕百姓 ; 國無常法, 民無經紀 ; 好辨以爲智, 刻民以爲忠 ; 流湎而忘國, 好兵而忘民 ; 肅於罪誅, 而慢於慶賞 ; 樂人之哀, 利人之害 ; 德不足以懷人, 政不足以匡民 ; 賞不足以勸善, 刑不足以防非. 此亡國之行也. 今民聞公令如寇讎, 此古之離其民隕其國常行也.」(卷三十三 晏子)

제나라의 경공이 안자에게 물었다.

「고대에 백성들이 고향을 떠나고 뿔뿔이 흩어져 망한 나라들의 군주는 평시에 그 행실이 어떠하였습니까?」

안자가 대답하였다.

「1. 국가가 가난해도 명예롭고 큰일 도모하는 것을 좋아하였고 지식이 일천하면서도 본인이 직접 전권을 행사하기를 좋아하였습니다.

2. 듣기 좋은 소리로 아첨하는 자들을 중시하고 덕망 있는 현인을 천시하였습니다. 또한 다른 사람을 업신여기기를 좋아하고 백성을 하찮게 대하였습니다.
3. 국가의 근본을 이루는 기본법이 지켜지지 않으니 백성들의 기강이 문란하게 되었습니다.
4. 언쟁으로 자신의 지식을 내보이려 하고 가혹한 처벌로 충성을 강요하였습니다.
5. 스스로를 절제하지 못하여 스스로가 군주임을 망각하고 용병을 중시하고 백성을 보살피지 않았습니다.
6. 죄를 엄하게 물어 주살하여 숙청하고 공을 치하하고 상을 내리는 것을 소홀히 하였습니다.
7. 다른 사람들이 슬픔을 당하는 것을 즐기고 다른 사람이 손해를 보는 경우를 기회로 삼아 자신의 이익을 취하였습니다.
8. 많은 사람을 품기에는 덕이 부족하고 백성을 바로잡아 인도하기에는 정치력이 부족하였습니다.
9. 백성들에게 선행을 권하기에는 상이 부족하고 백성들의 법도에 위배된 행동을 막기에는 형벌이 부족했습니다.」

이것이 망하는 나라에서의 행위들입니다. 지금도 백성들은 국가의 영을 들으면 이것을 마치 원수 대하듯이 합니다. 이것이 고대의 군주들이 백성을 떠나보내게 하고 나라를 망하게 한 행위들입니다. (제 33권 안자)

——— 常行(상행): 평상시의 행실
簡慢(간만): 경솔, 태만
經紀(경기): 조리 · 기강
流湎(유면): 방종 · 무절제
匡(광): 보조하다. 바로잡다.

6

我有三寶, 持而保之. 一曰慈, 二曰儉, 三曰不敢爲天下先.

(卷三十四 老子)

나는 세 가지의 보물을 갖고 있다. 나는 이 보물을 소중히 간직하고 마음에 되새겨 지켜 나간다.

첫째는 자비이고 둘째는 검소함이며 셋째는 감히 천하의 앞에 서지 않은 것이다.

첫째, 백성을 자식처럼 아끼는 자비로운 사랑이다. 자식을 대하는 자비로움으로 일에 임하니 사소한 의혹이 사라지게 되어 모든 일에 용감해질 수 있다.

둘째, 근검절약의 검소함이다. 절약하기 때문에 항상 남는 것이 있어 다른 사람을 도울 수 있다.

셋째, 감히 천하의 앞에 서지 않는 겸허한 마음으로 항상 만인의 뒤에서 보살피고 도우니 인재들이 또한 내 뒤에 서서 나를 돕는다. 따라서 많은 사람이 나를 칭송하니 앞에 서지 않음으로써 가장 높은 곳에 오르게 되었다.

이러하니 이 세 가지를 어찌 보물로 여기지 않을 수 있겠는가? 소중히 간직하고 마음에 되새겨 지켜 나간다. (제 34권 노자)

8
도량(度量)

1

帝曰 :「夫建大事者, 不忌小怨.」(卷二十一 後漢書一)

한나라 광무황제가 말하기를

「큰일을 하는 사람은 작은 원한을 걱정하지 않는다.」라고 하였다.

(제 21권 후한서 1집)

2

老子曰 :「報怨以德.」(卷四十 賈子)

노자가 말하였다.

「원수를 덕으로 갚는다.」

원수를 사랑하라는 예수와 같은 말이고 공자의 시시비비와는 다른 면을 보여 주는 말이다. (제 40권 고자)

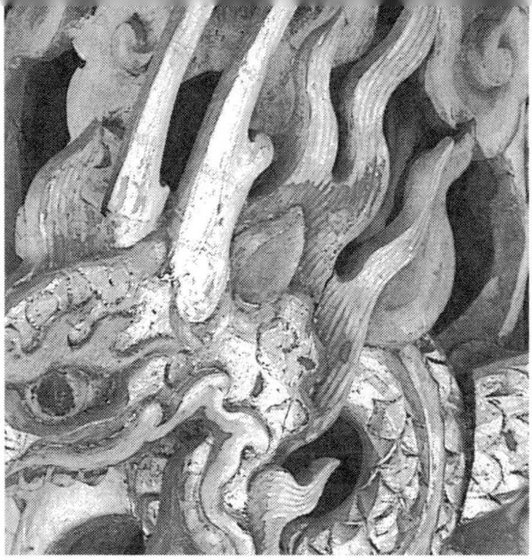

제 2권
교화(敎化)

CULTIVATION

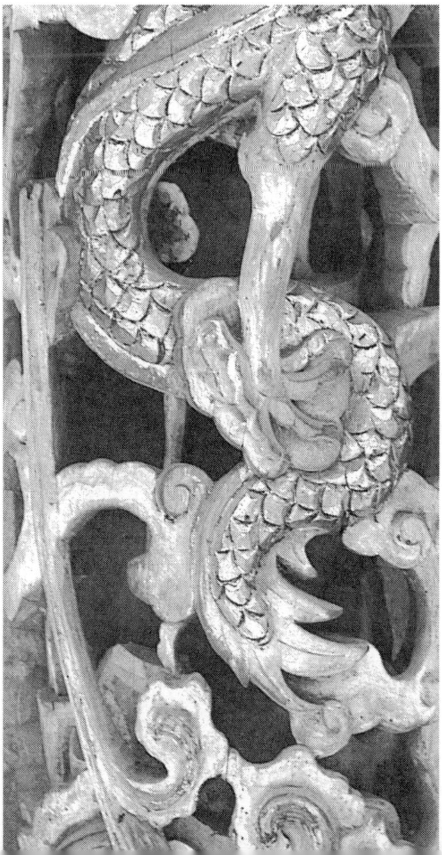

1

도덕(道德)

1

天命之謂性, 率性之謂道, 脩道之謂教. 道也者不可須臾離也, 可離非道也. (卷七 禮記)

하늘의 명으로 부여받은 타고난 성품을 본성이라 한다. 이 본성을 이끌어 주는 것이 도(道)이다. 인간이 이 도를 따르고 본받으려 노력하는 과정을 가리켜 교(教)라고 한다. 도와 덕을 본받으려 노력하고 수양하면 인간의 본성이 타고난 순결함과 선함을 간직하면서 도에 가까이 가게 된다. 이것은 다시 다른 사람을 감화시켜 널리 사람들을 교화시킨다. 이것을 교라 한다. 도는 어느 곳에서나 항상 존재하여 잠깐이라도 인간으로부터 떨어지는 법이 없다. 마치 우리가 항상 다니고 있는 길과도 같다. 떨어져 나갈 수 있다면 이것은 도가 아니다. (제 7권 예기)

—— 須臾(수유): 잠깐, 짧은 시간

2

保合大和, 乃利貞. 首出庶物, 萬國咸寧. (卷一 周易)

도는 천지의 운행을 보지(保持)하고 우주를 화합시킨다. 그리하여 만물을 이롭게 하고 도의 정조를 지켜 나간다. 제왕은 만민의 숭배를 받고 만물에 우뚝 서서 하늘의 도와 덕을 본받고 따른다. 이로써 만물은 융성하고 만국은 모두 안녕하다. (제 1권 주역)

—— **利貞**(이정): 만물을 화합시키고 이롭게 한다.
庶物(서물): 만물
咸(함): 모두, 전부

3

人法地, 地法天, 天法道, 道法自然. (卷三十四 老子)

사람은 땅을 본받고 땅은 하늘을 본받고 하늘은 도를 본받고 도는 자연을 본받는다.

사람은 땅에 가까이 하며 안정을 찾고 생명을 이어간다. 따라서 사람은 땅을 본받는다. 땅은 하늘을 받든다. 하늘은 만물을 만들고 자라게 한다. 그럼에도 땅에 대하여 보답을 요구하지 않는다. 항상 조용히 하늘의 법도를 지켜 나간다. 고로 땅은 하늘을 본받는다. 하늘은 도의 본성을 본받아 비어 있고 조용하며 욕심이 없다. 따라서 하늘은 도를 본받는다. 도는 무위자연의 섭리와 일치한다. 따라서 도의 본성은 곧 자연이라 할 수 있다. 결론적으로 사람은 결국 도를 본받아야 자연의 순리에 어긋남이 없고 만물의 이치에 따라야 안전하게 생명을 영위할 수 있다는 말이다. (제 34권 노자)

—— **法**(법): 본받다. 효법(效法)을 뜻한다.

4

聖人不積, 旣以爲人, 己愈有. 天之道, 利而不害 ; 聖人之道, 爲而不爭. (卷三十四 老子)

성인은 재물을 쌓아 놓지 않는다. 모두 다른 사람을 위해 사용한다. 그럼에도 본인의 재산은 다른 사람을 위해 쓰면 쓸수록 더욱 더 늘어난다. 하늘의 도는 본래 만물을 이롭게 하며 해를 끼치는 법이 없다. 성인의 도는 남을 돕지 더불어 싸우는 법이 없다. (제 34권 노자)

—— 旣(기): 전부, 모두

5

好學近於智, 力行近於仁, 知恥近於勇. 知斯三者, 則知所以修身 ; 知所以修身, 則知所以治人 ; 知所以治人, 則能成天下國家矣. (卷十 孔子家語)

학문을 열심히 하면 지혜를 얻을 수 있고 이를 힘들여 행하면 자애로운 인의 덕을 얻을 수 있으며 수치심을 알게 되면 용기를 키울 수 있다.

이 세 가지를 알게 되면 자신을 수양하는 법을 알게 되고 자신을 수양하는 법을 알게 되면 다른 사람을 다스리는 법을 알게 된다. 다른 사람을 다스리는 법을 알게 되면 천하에 나라를 세울 수 있다.

(제 10권 공자가어)

—— 力行(역행): 힘을 다해 실천하다.
斯(사): 이, 이것

6

發政施令, 爲天下福者, 謂之道 ; 上下相親, 謂之和 ; 民不求而得所欲, 謂之信 ; 除天下之害, 謂之仁. 仁與信, 和與道, 帝王之器也. (卷三十一 鬻子)

정부의 시책이 천하 만민의 복리를 위한 것이라면 이것을 바른 길. 즉, 도(道)라고 한다. 위, 아랫사람이 서로 아끼고 존경하여 가까워진다면 이를 화목하다는 의미의 화(和)라고 한다. 백성들이 찾아다니지 않아도 원하는 것을 얻을 수 있다면 여기에서 국가에 대한 믿음이 생긴다. 이를 신(信)이라고 한다. 만백성이 상해를 입어 국가가 그 아픔을 덜어준다면 이를 자애로운 인의 덕을 베풀었다하여 인(仁)이라고 한다. 인과 신 그리고 화와 도를 합한다면 이는 제왕이 나라를 다스리는 가장 귀중한 수단이 될 것이다. (제 31권 육자)

—— **發政**(발정): 정부의 영을 발포하다. 정책강령을 발포하다.
施令(시령): 정부의 강령, 교령을 시행하다.
器(기): 귀중한 도구, 기구, 수단

7

文王曰 :「何如而可以爲天下?」太公對曰 :「大蓋天下, 然後能容天下 ; 信蓋天下, 然後可約天下 ; 仁蓋天下, 然後可以求天下 ; 恩蓋天下, 然後王天下 ; 權蓋天下, 然後可以不失天下 ; 事而不疑, 然後天下恃. 此六者備, 然後可以爲天下政.」(卷三十一 六韜)

문왕이 말했다.

「어찌하면 천하를 다스릴 수 있겠는가?」

태공이 답하였다.

「첫째: 천하가 인정할 만한 큰 도량을 가져야 합니다. 그런 다음에야 비로소 천하를 포용할 수 있습니다.

둘째: 천하가 인정할 만한 믿음을 얻어야 합니다. 그런 다음에야 비로소 천하를 기약할 수 있습니다.

셋째: 천하가 인정할 만큼 인의 덕을 쌓아야 합니다. 그런 다음에야 비로소 천하를 구할 수 있습니다.

넷째: 천하가 인정할 만한 은혜를 베풀어야 합니다. 그런 다음에야 비로소 천하의 제왕이 될 수 있습니다.

다섯째: 천하가 두려워할 만한 권력을 가져야 합니다. 그런 다음에야 비로소 천하를 잃지 않게 됩니다.

여섯째: 일을 도모할 때 망설이지 말아야 합니다. 그런 다음에야 비로소 천하가 확신을 갖고 의지하게 됩니다.

이 여섯 가지가 구비된 이후라야 천하를 다스리는 정치를 하실 수 있습니다.」 (제 31권 육도)

—— 王(왕): 왕으로 칭하다. 통치하다

疑(의): 유예하다. 망설이다.

8

故君子不恤年之將衰, 而憂志之有倦. 不寢道焉, 不宿義焉. 言而不行, 斯寢道矣 ; 行而不時, 斯宿義矣. 是故君子之務, 以行前言也. (卷四十六 中論)

군자가 늙어서 기력이 떨어질 것을 우려하지는 않으나 의지가 약해지고 권태로워지는 것을 우려한다. 그렇다고 하여 도를 행하기를 중단하거나 의를 지키는 것을 포기한 것은 아니다. 그러나 말만하고 시행하지 않으니 도는 방치되어 황폐해지고 시행하였으나 때를 맞추지 못하니 의리는 지켜지지 못한다. 고로 군자가 해야 할 중요한 일은 앞에서 말한 바와 같이 실행하는 일이다. (제 46권 중론)

—— **恤**(휼): 우려하다. 걱정하다.
寢(침): 중단하여 방치하다.
宿(숙): 실행을 연기하다. 보류하다.
不時(불시): 시간에 맞추지 못하다. 때를 맞추지 못하다.

9

乾……《象》曰：天行健, 君子以自强不息. (卷一 周易)

전……《상전》에서 말하길

「건괘는 하늘의 운행을 상징하며 강건하고 영원하다. 군자는 하늘의 도를 본받아 스스로 강해지려 노력하고 중단 없이 계속 나아가야한다.」라고 하였다. (제 1권 주역)

—— **天行**(천행): 우주천체의 운행
健(건): 힘이 강건하다.

10

坤.《象》曰：地勢坤. 君子以厚德載物. (卷一 周易)

곤……《상전》에서 말하길

「곤괘는 대지의 기세를 상징하며 두텁고 온순하다. 군자는 땅의 덕을 본받아 깊고 두터운 덕을 행하고 만물에 의지해 순리를 따른다.」라고 하였다. (제 1권 주역)

11

不修善事, 卽爲惡人 ; 無事於大, 則爲(舊無人無至則爲七字, 補之)小人. 紂爲無道, 見稱獨夫 ; 仲尼陪臣, 謂爲素王. 卽君子不在乎富貴矣. (卷五十 抱朴子)

좋은 일을 해 본 적이 없는 사람을 악인이라 하고 존경 받는 대범한 일을 해 본 적이 없는 사람을 소인이라고 한다. 상나라의 폭군 주왕은 도를 행한 적이 없으니 이를 가리켜 독부라고 한다. 공자는 귀하게 모셔지는 배신으로서 정식의 자리는 없지만 왕위에 걸 맞는 덕을 지녔다 하여 소왕이라 칭한다. 이것을 보면 군자는 부귀의 있고 없고가 크게 문제될 게 없어 보인다. (제 50권 포박자)

—— 見(견): 동사의 앞에 쓰여서 피동의 역할을 한다.
獨夫(독부): 포악한 패도군주
素王(소왕): 왕의 직위를 갖추지 않았으나 왕의 덕을 갖춘 사람
陪臣(배신): 군주가 항상 가까이 하는 가신

12

子曰 :「夫孝, 德之本也, 教之所由生也.」(卷九 孝經)

공자가 말하길

「무릇 효는 덕행의 근본이다. 그리하여 사람들을 교화시키는 모든 것들은 효도에서 비롯되어 생겨나는 것이다.」라고 하였다. (제 9권 효경)

2
효도(孝道)

1

孝悌之至, 通於神明, 光于四海, 無所不通. (卷九 孝經)

진정으로 부모를 공경하고 형제간 우애를 돈독하게 하는 바른 도를 행하는 것은 가장 착하고 아름다운 것이다. 실로 천지신명을 감동시킬 일이다. 그 빛을 온 세상에 비추니 효도의 감동이 전해지지 않는 곳이 없다.
(제 9권 효경)

―― 孝悌(효제): 부모에게 효도하고 형제와 우애하며 윗사람을 공경하는 사람

2

蓼蓼者莪, 匪莪伊蒿. 哀哀父母, 生我劬勞. 無父何怙? 無母何恃? 出則啣恤, 入則靡至. 父兮生我, 母兮鞠我, 拊我畜我, 長我育我, 顧我復我, 出入腹我. 欲報之德, 昊天罔極. (卷三 毛詩)

쑥이 무럭무럭 자란다. 쑥이 아니라 청개쑥이다. 슬픈 마음에 청개쑥을 쑥으로 잘못 보았구나. 불쌍한 나의 부모님이시여. 나를 낳아 기르시느라 고생만 하셨구나. 아버님이 안 계시니 누구를 의지하고 살 것인가!

어머님이 안 계시니 누구를 믿고 살 것인가! 집을 나서면 마음이 비통하고 집에 당도하면 집이 텅 빈 것 같아 집에 온 것 같지가 않다. 아버님 나를 만드시고 어머님 나를 보살펴 키우셨네. 나를 토닥여 먹여 주시고, 가르쳐 주시고, 항상 보살피고 품어 주시어 집을 나갈 때나 들어올 때나 나를 안아 반기셨네. 부모님의 은덕에 보답하려 하여도 높고 높은 부모님의 은혜에 닿을 수가 없구나. (제 3권 모시)

—— 匪(비): 아니다. 일반적으로 非로 사용
劬勞(구로): 고생하다. 수고하다.
怙(호): 아버지, 의지하다.
啣恤(함휼): 애통한 마음
靡(미): 아니다. 없다.

3

孝有三 : 小孝用力, 中孝用勞, 大孝不匱. 思慈愛忘勞, 可謂用力矣 ; 尊仁安義, 可謂用勞矣 ; 博施備物, 可謂不匱矣. 父母愛之, 喜而弗忘 ; 父母惡之, 懼而無怨 ; 父母有過, 諫而不逆 ; 父母旣沒, 必求仁者之粟以祀之. 此之謂禮終. (卷七 禮記)

효에는 세 가지가 있다.

작은 효는 힘껏 봉양하는 것이고 중간의 효는 자식의 공로로 부모가 좋은 소리를 듣게 하는 것이며 큰 효는 모든 것에 모자람이 없도록 하는 것이다. 자애로운 사랑을 베풀어 주신 부모님을 생각하여 피로함도 잊고 부모님 봉양에 노력하는 효를 작은 효라고 하고 이를 힘쓰는 효라고 하였다. 인의 덕을 갖추고 도의를 지켜 주위에서 존경을 받고 사회적으로 성공하여 부모님이 주위로부터 자식 칭찬을 받는 효를 중간의 효라고 하고 이를 공로의 효라고 하였다.

널리 은혜를 베풀고 주위를 살피어 모든 것을 미리 대비하여 항상 모자람이 없게 하는 효를 큰 효라 하여 모자람이 없는 효라고 하였다. 부모님이 좋아하시는 것은 항상 부모님을 좋아하고 잊지 않는 것이다. 부모님이 싫어하시는 것은 부모님을 무서워하여 원망조차 하지 않는 것이다. 부모님이 잘못하시는 일이 있다면 말씀드리되 예를 거슬러서는 안 된다. 부모가 돌아가시면 적든 많든 필히 바르게 번 돈을 구하여 제사를 모신다. 이것이 부모님에 대한 예의를 다하는 것이라 할 수 있다.

(제 7권 예기)

—— 勞(로): 공로, 공적
不匱(불궤): 모자라지 않다.
沒(몰): 죽음. 통상 歿을 사용

4

身體髮膚, 受之父母, 不敢毁傷, 孝之始也. 立身行道, 揚名於後世, 以顯父母, 孝之終也. 夫孝, 始於事親, 中於事君, 終於立身. (卷九 孝經)

몸과 머리카락, 그리고 피부. 이 모든 것들은 부모로부터 받았으니 감히 훼손할 수 없다는 것이 효의 시작이다. 뜻을 세워 학문을 하여 도를 행하며 이름을 높이 날려 그 명성이 후세에 전하는 것을 부모에게 보여드림으로써 부모를 기쁘게 한다. 이것이 효를 다하는 것이다. 무릇 효는 부모를 섬기는 것에서 시작하여 군주에 충성하는 것을 거쳐 입신양명하는 것으로 끝을 맺는다. (제 9권 효경)

—— 立身行道(입신행도): 자기 자신을 수양하여 도의를 지켜나간다.

5

在上不驕, 高而不危；制節謹度, 滿而不溢. 高而不危, 所以長守貴也； 滿而不溢, 所以長守富也. 富貴不離其身, 然後能保其社稷, 而和其民人. 蓋諸侯之孝也.《詩》云 : 「戰戰兢兢, 如臨深淵, 如履薄冰.」(卷九 孝經)

윗자리에 있으나 교만하지 않으니 높아도 위험하지가 않다. 비용을 줄여 절약하고 천자의 법도를 섬기어 시행하니 차도 넘치는 법이 없다. 지위가 높아도 위험하지 않으니 오랫동안 존귀함이 지켜진다. 재물이 가득해도 넘치지 않으니 그 부귀가 오랫동안 지켜진다. 사치하지 않고 교만하지 않으니 부와 존귀함이 몸을 떠나지 않는다. 이러한 연후에야 사직을 보전할 수 있고 백성을 덜 힘들게 함으로써 백성을 나라에 화합하게끔 한다. 이것이 제후의 효도이다.

《시경》에서 말하기를

「전전긍긍하는 것이 마치 깊은 연못가에 있는 것 같고 얇은 빙판 위를 걷는 것처럼 조마조마하다.」라고 하였다. 제후의 효도는 부모뿐만 아니라 모든 면에서 신중하게 전심을 다해야 종묘사직을 보전하고 백성을 편안하게 살게 해야 결국 부모의 걱정을 덜고 오랫동안 효도를 할 수 있다는 말이다. (제 9권 효경)

—— 長(장): 장구, 영구하다.

6

非先王之法服不敢服, 非先王之法言不敢道, 非先王之德行不敢行. 是故非法不言, 非道不行. 口無擇言, 身無擇行, 言滿天下無口過, 行滿天下無怨惡. 三者備矣, 然後能守其宗廟. 蓋卿大夫之孝也. 詩云 :「夙夜匪懈, 以事一人.」
(卷九 孝經)

경대부는 선왕이 정해 놓은 예법에 맞지 않는 옷을 입는다거나 선황의 예법에 어긋나는 언사로 말을 해서는 안 되며 선왕의 도덕기준에 어긋나는 행동을 감히 해서는 안 된다. 이리하여 경대부는 법도에 어긋나는 말을 하지 않도록 조심하고 도덕기준에서 벗어나는 행동을 하지 않도록 조심해야한다. 힘들여 조심하지 않아도 모든 행동이 선왕의 법도에 부합하고 예의에도 벗어나는 일이 없도록 노력하고 온 세상을 다니며 말을 해도 입으로 인한 과실이 없고 온 세상을 돌아 다녀도 부적절한 행동으로 인한 원한과 해악이 일어나지 않도록 노력해야 한다. 이 세 가지가 완전히 구비된 연후라야 비로소 경대부가 자신의 집안을 온전하게 지켜 나갈 수 가 있게 된다. 이러한 것들이 경대부의 효이다.

《시경》에서 말하듯이

「밤낮으로 천자를 보필하여 일하기를 게을리 하지 말라.」는 말씀을 명심해야 한다. (제 9권 효경)

—— **法服**(법복): 고대에 급에 따라 다른 옷을 착용하는 예법규정
服(복): 입다. 착용하다.
法言(법언): 예법에 맞게 하는 말
口無擇言(구무택언): (임의로 선택하지 않아도)말하는 대로 모두 도리에 맞다.
身無擇行(신무택행): 자연히 형성된 행동습관이 몸에 배어서 행하는 모든 행동이 법도에 어긋나지 않는다.
匪(비): 아니다. 不, 不是

7

故以孝事君則忠, 以敬事長則順. 忠順不失, 以事其上, 然後能保其祿位, 而守其祭祀, 蓋士之孝也. (卷九 孝經)

효심으로 군주를 섬기면 충성이 되고 존경하는 마음으로 상사를 받들면 순종이 된다. 충성과 순종을 잃지 않고 윗사람을 섬긴다면 후에 그 직위와 급여를 보장 받게 된다. 또한 그리하여 조상의 제사를 잘 모실 수 있으니 이것이 선비가 해야 할 효도라고 할 수 있다. (제 9권 효경)

8

子曰 :「孝子之事親, 居則致其敬 ; 養則致其樂 ; 病則致其憂 ; 喪則致其哀 ; 祭則致其嚴 ; 五者備矣, 然後能事親.」(卷九 孝經)

공자가 말하기를
「효자가 부모님을 모실 때에는
같이 생활함에 있어 공경하는 마음을 다하고
봉양함에 있어 즐거운 마음을 다하며
병이 드시면 근심하는 마음을 다하고
돌아가시면 애절한 마음을 다하며
제사를 지낼 때에는 그 엄숙한 마음을 다한다.
위 다섯 가지를 다한 다음에라야 부모님을 모셨다고 말할 수 있다.」
라고 하였다. (제 9권 효경)

—— 致(치): 다하다.
嚴(엄): 존중, 존경

9

曾子曰 :「身也者, 父母之遺體也. 行父母之遺體, 敢不敬乎? 居處不莊, 非孝也 ; 事君不忠, 非孝也 ; 蒞官不敬, 非孝也 ; 朋友不信, 非孝也 ; 戰陳無勇, 非孝也. 五者不遂, 災及於親, 敢不敬乎?」(卷七 禮記)

증자가 말하였다.

「몸은 부모로부터 물려받은 것이다.

부모로부터 물려받은 몸을 움직여 행동함에 어찌 부모를 생각하지 않을 수 있겠는가? 몸가짐을 장중하게 하지 않고 가벼이 하면 효라 할 수 없고 군주를 충성으로 섬기지 못하면 효라 할 수 없고 관직에 나아가 불경한 자세로 일한다면 효라 할 수 없으며 친구 간에 신의를 저버리면 효라 할 수 없고 전쟁에 나아가 용감하지 못하면 효라 할 수 없다.

이 다섯 가지를 지키지 않으면 부모를 불행하게 하니 어찌 받들지 않을 수 있겠는가?」 (제 7권 예기)

遺體(유체): 물려받은 신체, 사람의 몸
蒞官(리관): 임관, 등청하다.
戰陳(전진): 전열 · 대진, 전투에 임하는 것.
遂(수): 완성, 성취하다.

10

壹擧足而不敢忘父母, 壹出言而不敢忘父母. 壹擧足而不敢忘父母, 是故道而弗徑, 舟而不游, 不敢以先父母之遺體行危殆. 壹出言而不敢忘父母, 是故惡言不出於口, 忿言不及(及作反)於身. 不辱其身, 不羞其親, 可謂孝矣! (卷七 禮記)

한발을 내딛어도 부모를 잊어서는 안 되고 한마디 말을 내뱉어도 부모를 잊어서는 안 된다. 한발을 내딛어도 부모를 잊지 말라는 말은 길을 갈 때에도 원래 다니던 길로 가야지 빠르다 하여 샛길로 다녀서는 안 되고 놀러 가서도 함부로 배를 타고 놀아서는 안 된다. 부모로부터 물려받은 귀중한 몸을 함부로 다루어 위험에 빠뜨리면 안 된다는 말이다.

한마디 말을 하여도 부모를 잊지 말라는 말은 스스로 나쁜 말을 입에 담지 말라는 뜻으로 듣기 싫은 말을 함부로 하면 상대방 또한 화가 나서 분기에 찬 말을 하게 되니 그러한 말이 내 몸에 들어오도록 해서는 안 된다는 말이다. 자기 몸을 욕되게 하지 않아 부모님을 부끄럽게 하지 않는다면 이것을 효라고 말할 수 있다. (제 7권 예기)

11

故不愛其親, 而愛他人者, 謂之悖德. 不敬其親, 而敬他人者, 謂之悖禮. (卷九 孝經)

부모에게 애정을 보이지 못하는 사람이 다른 사람을 사랑한다고 하면 이를 가리켜 「패덕」이라고 한다. 부모에게 존경심을 보이지 못하는 사람이 다른 사람을 존경한다고 하면 이를 가리켜 「패례」라고 한다.

(제 9권 효경)

——— 悖(패): 상방되게 어기다. 위배되다.

3
인의(仁義)

1

曾子曰 :「士不可以不弘毅, 任重而道遠. 仁以爲己任, 不亦重乎? 死而後已, 不亦遠乎?」(卷九 論語)

증자가 말하였다.

「학문을 한 사람이라 하여 모두가 대범하거나 강건하지 않다는 말은 아니지만 너무 높은 벼슬을 주어 책임이 과중하면 도와는 멀어질 수 있다. 인의 덕을 베풀며 스스로 맡은 책임을 다해야 하는데 너무 무거운 책임이 아니겠는가? 죽을 때까지 끝나길 기다리자면 너무 요원하지 않는가?」 (제 9권 논어)

—— 弘毅(홍의): 관대하며 의지가 강하다. 대범하고 강건하다.
已(이): 정지

2

有一言而可常行者, 恕也 ; 一行而可常履者, 正也. 恕者仁之術也, 正者義之要也. 至矣哉! (卷四十六 申鑒)

한마디 말을 하면 항상 그 말을 받아들이고 행하는 것을 너그러운 마음의「서」라고 한다. 또한 한다고 하면 반드시 약속을 지키고 이행하는 것을 바르다는 의미의「정」이라고 한다. 서는 다른 사람의 마음을 헤아린다는 너그러움으로서, 서는 인의 덕을 실행하는 방법이 된다. 바르다는 것은 약속을 지킨다는 의미이므로 정은 의를 지키는 것에 가장 중요한 요소가 된다. 맞는 말이다! (제 46권 신감)

—— 履(이): 집행하다. 이행하다.

3

顔淵問仁. 子曰 :「克己復禮爲仁. 一日克己復禮, 天下歸仁焉. 爲仁由己, 而由人乎哉?」曰 :「請問其目.」子曰 :「非禮勿視, 非禮勿聽, 非禮勿言, 非禮勿動.」(卷九 論語)

안연이 공자에게 인의 덕을 실천하는 방법을 물었다.

공자가 말하였다.

「자신의 욕망을 극복하고 예에 합당한 언행을 하는 것이 바로 인의 덕을 행하는 것이다. 어느 날 극기복례하여 천하가 모두 인의 세상이 되었다하면 인을 행한 것이 너냐? 아니면 다른 사람이냐?」

안연이 말하였다.

「자세히 좀 말씀해 주시겠습니까?」

공자가 말하였다.

「예가 아니면 보지 말고, 예가 아니면 듣지 말고, 예가 아니면 말하지 말고, 예가 아니면 마음조차 움직이지 말라.」

인을 실천하다는 것은 특별한 방법이 있는 것이 아니고 또한 하루 이틀에 되는 것도 아니며 다른 사람의 힘을 빌어서 되는 것도 아니다. 스스로 단호한 마음으로 평생을 실천해 나가야 하는 것이 인의 덕을 실행하는 방법이라는 뜻이다. (제 9권 논어)

—— **顏淵**(안연): 공자의 제자. 춘추시대 말기 31세의 나이에 요절하였다. 공자가 아끼던 제자로 심히 애통해 하였다고 전함.
目(목): 조목조목 자세히

4

仲弓問仁. 子曰：「出門如見大賓, 使民如承大祭. 己所不欲, 勿施於人. 在邦無怨, 在家無怨.」 (卷九 論語)

중궁이 공자에게 인의 덕을 실행하는 방법에 대하여 물었다.

공자가 대답하였다.

「밖에 나가 사람들을 만날 때는 그들을 귀빈과 같이 공경하여 접대하고 백성들을 동원할 때는 큰 제사를 모실 때와 마찬가지로 신중하게 사용하여야 한다. 또한 자신이 하고 싶지 않은 일을 다른 사람에게 시키는 일이 없어야 한다. 많은 제후국가의 사람들과 원한이 없고 많은 가문의 사람들과 원한이 없으면 이것이 바로 인의 덕이다.」 (제 9권 논어)

—— **仲弓**(중궁): 공자의 제자
大賓(대빈): 국빈과 같은 귀빈
大祭(대제): 고대에 천신을 모시는 제사처럼 큰 대제

5

貧賤之知不可忘, 糟糠之妻不下堂. (卷二十二 後漢書二)

가난하고 어려울 때 만났던 친구는 잊어버리면 안 되고 일찍부터 고생하며 같이 지내온 조강지처를 버리면 안 된다. (제 22권 후한서 2집)

—— **糟糠之妻**(조강지처): 가난하고 어려울 때 같이 생활한 처를 가리키는 말로 잡곡의 조와 곡식의 껍질을 의미하는 강으로 가장 먹기 어려운 잡곡밥을 말한다.
下堂(하당): 처를 버리다. 처와 인연을 끊다.

6

君子務本, 本立而道生. 孝悌也者, 其仁之本與! (卷九 論語)

군자는 꼭 사람이 갖춰야 할 근본을 중요시해야 한다. 근본이 갖춰진 후에라야 비로소 도가 생겨난다. 부모에게 효도하고 형제들과 우애하는 것은 인의 덕을 실행하는 근본이다! (제 9권 논어)

—— 務(무): 중요시하다.
與(여): 구절 끝에 쓰는 어조사. 통상 여(歟)자로 많이 쓴다.

4
성신(誠信)

1

天地有紀矣, 不誠則不能化育 ; 君臣有義矣, 不誠則不能相臨 ; 父子有禮矣, 不誠則疏 ; 夫婦有恩矣, 不誠則離 ; 交接有分矣, 不誠則絶. 以義應當, 曲得其情, 其唯誠乎. (卷四十八 體論)

하늘과 땅 사이에는 기강이 존재함으로 이를 성심을 다하지 않으면 만물이 생겨나고 자랄 수가 없다. 군신 간에는 신의가 존재하니 정성을 다하지 못하면 같이 나라 일에 임할 수가 없다. 부자간에는 예절이 존재함으로 정성을 다하지 못하면 소원해진다. 부부간에는 애정. 즉, 부부애가 존재하나 정성을 다하지 못하면 서로 갈라져 남이 될 수 있다. 친구간에는 교분의 정이 있으나 정성을 다하지 못하면 교류가 단절된다.

따라서 이 모든 것들은 신의로써 대응하고 정성을 다하여 일에 따라 혹 불합리한 것은 없는지 각각의 정황을 알아서 대처해야 한다. 그러려면 오직 성심을 다하는 방법밖에 없다. (제 48권 체론)

—— **交接**(교접): 서로 왕래하여 접촉한다. 교분을 맺다.
應當(응당): 일에 대응하여 조치를 취하다.

2

君子養心, 莫善於誠. 致誠無他, 唯仁之守, 唯義之行. 誠心守仁則能化; 誠心行義則能變. 變化代興, 謂之天德. (卷三十八 孫卿子)

군자가 마음을 수양하는 데는 정성이 가장 중요하다. 성심을 다하는 것 외에는 다른 방법이 없다. 오직 성심을 다해 인의 덕을 지키고 오직 성심을 다해 의를 행해야 한다. 성심을 다하여 인의 덕을 지키면 많은 사람들을 교화시킨다. 성심을 다하여 의를 행하면 사람들 간에 거짓이 줄어들어 사회를 바르게 하고 풍속을 선량하게 변화시킨다. 이렇게 사회가 선량하게 변화되고 만민을 교화시켜 크게 흥성하게 된다면 이를 가리켜 하늘의 덕(天德)이라고 한다. (제 38권 손경자)

—— 致誠(치성): 정성을 다하는 것
代興(대흥): 흥성 또는 성행하는 것으로 대신 나타난다.

3

唯君子爲能信, 一不信則終身之行廢矣, 故君子重之. (卷五十 袁子正書)

군자는 오직 신의를 행하고 또한 지켜 나간다. 한 번이라도 신의를 지키지 않으면 평생 신의를 행한 공덕이 폐기된다. 고로 군자는 신의를 중요시한다. (제 50권 원자정서)

4

孔子曰 :「欲人之信己, 則微言而篤行之. 篤行之, 則用日久 ; 用日久, 則事著明 ; 事著明, 則有目者莫不見也, 有耳者莫不聞也, 其可誣乎?」(卷四十六 中論)

공자가 말하였다.

「다른 사람이 나를 믿게 하고 싶으면 말을 적게 하고 한 말은 확실히 지켜 이행해야 한다. 한 말을 확실히 지켜 행하면 그에 대한 믿음의 효과는 날이 갈수록 커지고 오래 지속된다. 믿음의 효과가 오래 지속되면 모든 일이 사리가 분명해진다. 사리가 분명해지면 눈은 못 보는 것이 없게 되고 귀는 못 듣는 것이 없게 된다. 누가 그에게 사실을 왜곡 시킬 수 있겠는가?」 (제 46권 중론)

—— **篤行**(독행): 전심을 다하여 절실히 이행한다. 오로지의 뜻

5

子夏曰 :「君子信而後勞其民, 未信則以爲厲己也. 信而後諫, 未信則以爲謗己也.」(卷九 論語)

자하가 말하길

「군자가 관직에서 일할 때에는 먼저 민중으로부터 신뢰를 받고 난 후에 그들에게 노역을 시켜야 한다. 신뢰를 받지 못하면 그들은 자신들을 학대한다고 생각할 것이다. 또한 군주에게는 먼저 신임을 받은 후 간언을 해야 한다. 신임을 받지 못한 상태에서 간언을 하게 되면 군주는 자기를 비방하는 것으로 받아들인다. 군자가 민중을 다스리거나 군주를 섬기는 일에도 모두 믿음이 중요하다는 의미이다.」라고 하였다. (제 9권 논어)

—— 子夏(자하): 공자의 제자. 춘추전국시대 말기 성은 복(卜), 이름은 상(商). 그의 학풍이 이극(李克), 오기(吳起)로 이어짐.
厲(려): 심하게 하다. 엄하게 하다.

6

夫信由上而結者也. 故君以信訓其臣, 則臣以信忠其君 ; 父以信誨其子, 則子以信孝其父 ; 夫以信先其婦, 則婦以信順其夫. 上秉常以化下, 下服常而應上, 其不化者, 百未有一也. (卷四十九 傅子)

무릇 믿음이라고 하는 것은 윗사람이 어찌하느냐가 아주 중요하다. 고로 군주가 믿음으로써 신하를 가르쳐 인도하면 신하는 믿음으로써 군주에게 충성으로 보좌한다. 아버지가 믿음으로써 아들을 가르치면 아들은 믿음으로써 아버지에게 효도한다. 남편이 믿음으로써 아내를 이끌면 아내는 믿음으로써 남편에게 순종한다. 윗사람이 아랫사람을 믿음으로 교화시킴으로써 상도를 견지하고 아랫사람은 믿음으로써 상도에 복종하고 윗사람에게 순응하니 그리하여서 교화되지 아니한 사람이 백에 하나도 안 된다. (제 49권 부자)

—— 秉常(병상): 변함없는 도를 견지한다. 또는 상도를 견지하다.

7

色取仁而實違之者, 謂之虛 ; 不以誠待其臣, 而望其臣以誠事己, 謂之愚. 虛愚之君, 未有能得人之死力者也. 故書稱君爲元首, 臣爲股肱. 期其一體相須而成也. (卷四十八 體論)

겉보기에만 인자한 그런 인은 실제로는 그 인의 덕을 위배하는 것이다. 이를 가리켜 허위의「허」라고 한다. 자신은 신하를 성심으로 대우하지 않으면서 신하에게는 자신을 성심으로 섬기기를 바라는 것을 가리켜 우매함의「우」라고 한다. 허위로 가장한 우매한 군주는 사력을 다해서 군주를 섬기는 신하를 얻을 수 없다.

고로《상서》에서 말하길

「군주는 사람의 머리와 같고 신하는 사람의 팔 · 다리와 같다.」라고 하였다. 이것은 군주와 신하가 하나가 되어 힘을 합해야만이 국가를 잘 다스릴 수 있다는 말이다. (제 48권 체론)

—— 色取(색취): 겉보기에만 자기가 의도한 바를 나타내 보이는, 겉만 꾸며서 얻은
股(고): 넓적다리
肱(굉): 팔뚝

8

巧詐不如拙誠. (卷四十 韓子)

기교를 부리고 사기로 위선하는 것은 겉보기에 서툴고 덤덤하게 보이는 성실함만 못하다. (제 40권 한자)

9

作德, 心逸日休 ; 作僞, 心勞日拙. (卷二 尙書)

착한 일을 하여 덕을 쌓으면 마음이 안락하여 그 이름이 날이 갈수록 훌륭해 지고 거짓으로 다른 사람을 속이게 되면 마음이 계속 피곤하여 날이 갈수록 하는 일이 졸렬해진다. (제 2권 상서)

—— 休(휴): 훌륭한, 아름다운

5

정기(正己)

1

曾子曰:「敢問何謂七教?」孔子曰:「上敬老, 則下益孝; 上尊齒, 則下益悌; 上樂施, 則下益寬; 上親賢, 則下擇友; 上好德, 則下無隱; 上惡貪, 則下恥爭; 上廉讓, 則下知節. 此之謂七教也. 七教者, 治民之本也. 政教定, 則本正矣. 凡上者, 民之表也, 表正則何物不正!」(卷十 孔子家語)

증자가 물었다.

「감히 묻습니다. 칠교가 무엇입니까?」

공자가 답하였다.

「윗사람이 노인을 공경하면 아랫사람은 부모를 더욱더 섬기게 된다. 윗사람이 연장자를 존중하면 아랫사람은 윗사람을 공경하고 형제의 우애가 깊어진다. 윗사람이 베풀기를 좋아하면 아랫사람은 인심이 후덕해진다. 윗사람이 어진 현자를 가까이하면 아랫사람은 친구 사귀기를 중시한다. 윗사람이 덕을 수양하기를 좋아하면 아랫사람은 숨길 것이 없어진다. 윗사람이 욕심 부리는 것을 싫어하면 아랫사람은 다투는 것을 부끄러워한다. 윗사람이 청렴하고 겸손하면 아랫사람은 도리를 알고 절조를 지킨다. 칠교는 백성을 다스리는 근본이다. 정치와 교육의 원칙이 정해지면 모든 근본이 바로 선 것이다. 무릇 윗사람의 언행이 만민의 언행 기준의 표준이 된다. 이 표준이 정확하다면 어떤 사물이 부정확할 수 있겠는가?」 (제 10권 공자가어)

—— **曾子**(증자): 공자의 제자(기원전 505~436년). 춘추전국시대 말 노나라사람(現 산동). 후에 종성(宗聖)이라고 칭함.
齒(치): 나이

2

子曰:「其身正, 不令而行 ; 其身不正, 雖令不從.」(卷九 論語)

공자가 말하였다.

「정무를 보는 사람이 항상 자신의 언행을 바르게 하면 민중들은 명령이 아니라 단순한 지시에도 이를 따라 행한다. 그러나 정무를 보는 사람이 항상 자신의 언행을 함부로 하면 민중들은 비록 엄한 명령이라도 이를 따르려 하지 않는다.」 (제 9권 논어)

3

故君子爲政, 以正己爲先, 敎禁爲次. (卷四十七 政要論)

고로 군자가 정무를 보게 될 시에는 먼저 자신의 언행을 바로 잡는 것이 우선이다. 해야 할 것을 가르치고 하지 말아야 할 것을 금하는 것은 그 다음의 일이다. (제 47권 정요론)

—— **敎禁**(교금): 만민을 가르쳐 인도하는 것과 영을 내려 금하는 것

4

子曰 :「下之事上也, 不從其所令, 而從其所行. 上好是物, 下必有甚矣. 故上之所好惡, 不可不愼也, 是民之表也.」(卷七 禮記)

공자가 말하였다.

「아랫사람들이 윗사람을 섬긴다는 것은 그 명령을 따르기보다는 윗사람의 행동을 보고 따르는 것이다. 윗사람이 좋아하는 물건이 있으면 아랫사람들은 보다 더 그 물건을 갖고 싶어 한다. 고로 윗사람이 싫어하는 것은 아랫사람들이 신중하게 판단하지 않을 수 없다. 이것이 바로 백성들 판단의 표준이 되는 것이다.」 (제 7권 예기)

5

我有公心焉, 則士民不敢念其私矣 ; 我有平心焉, 則士民不敢行其險矣 ; 我有儉心焉, 則士民不敢放其奢矣. 此躬行之所徵者也. (卷四十五 昌言)

군주인 내가 공정 무사한 마음을 가지면 신하와 백성은 감히 그들의 사적인 욕심을 드러내기 어렵다. 나도 다른 사람과 똑같다는 마음을 갖고 있으면 신하와 백성은 감히 큰 모험을 하려고 하지 않을 것이다. 내가 겸손한 마음을 갖고 있다면 신하와 백성은 감히 사치하는 모습을 보이려 하지 않을 것이다. 이것이 군주가 몸소 어떤 행동을 하느냐에 따라 아래에서 일어나는 작은 일들이 어떻게 달라지는가를 설명하는 것이다.

(제 45권 창언)

6

孔子曰:「君子有三恕. 有君不能事, 有臣而求其使, 非恕也; 有親弗能孝, 有子而求其報, 非恕也; 有兄弗能敬, 有弟而求其順, 非恕也. 士能明於三恕之本, 則可謂端身矣.」(卷十 孔子家語)

공자가 말하였다.

「군자에게는 스스로에게 확인해야 할 세 가지 서도가 있다.

첫째, 군주가 있으나 섬기지 못한다. 자신은 군주를 섬기지 못하면서 다른 신하들에게는 그리할 것을 요구한다. 서도에 어긋나는 일이다.

둘째, 부모가 있으나 효도하지 못한다. 자신은 효도하지 못하면서 자식에게는 보은할 것을 가르친다. 서도에 어긋나는 일이다.

셋째, 형이 있으나 공경하지 못한다. 자신은 공경하지 못하면서 동생에게는 형에게 순종하라고 말한다. 서도에 어긋나는 일이다.

학문하는 선비는 삼서의 근본이 무엇을 뜻하는지 잘 알 수 있다. 이 뜻을 알았다면 바로 자신의 몸을 단정히 하여 잘못된 점을 바로 잡아야 할 것이다.」 (제 10권 공자가어)

—— **恕道**(서도): 스스로에게 관대하지 않은가 돌아보는 것

7

是故君子有諸己, 而後求諸人; 無諸己, 而後非諸人. (卷七 禮記)

고로 군자는 모름지기

모두를 터득한 후에 모두를 구하려 하고, 모두를 버린 후에 비로소 모두를 탓 할 수 있다. 자신 스스로가 먼저 수양을 하여 많은 덕을 쌓고 난 후에야 다른 사람이 선행을 할 수 있도록 도와 줄 수 있으며 자신 스스로의 나쁜 점을 모두 없앤 후에야 비로소 다른 사람의 잘못을 지적하고 금하도록 해야 한다는 뜻이다. (제 7권 예기)

—— 諸(제): ~에, ~에게서 之於 또는 之乎의 合音 君子求諸己, 小人諸人(군자는 자신을 탓하고 소인은 남을 탓한다. -논어-)

8

君子能爲可貴, 不能使人必貴己 ; 能爲可信, 不能使人必信己 ; 能爲可用, 不能使人必用己. 故君子恥不修, 不恥見汚 ; 恥不信, 不恥不見信 ; 恥不能, 不恥不見用. 是以不誘於譽, 不恐於誹, 率道而行, 端然正己, 不爲物傾側, 夫是之謂誠君子. (卷三十八 孫卿子)

군자는 자기 자신이 높은 인격을 가진 것처럼 행동을 할 수는 있으나 다른 사람에게 존경을 강요할 수는 없다. 자기 자신이 신용이 있는 것처럼 행동할 수는 있으나 다른 사람들에게 자신을 신임해 달라고 강요할 수는 없다. 자기 자신이 꽤 쓸모 있는 사람처럼 행동할 수는 있으나 다른 사람이 자신을 꼭 채용하도록 할 수는 없다. 그러므로 군자는 본인 스스로가 수양이 부족함을 수치스럽게 여겨야지 자신이 존경받지 못함을 수치로 생각해서는 안 되며 자신이 원래 신용이 없음을 수치스럽게 여겨야지 자신이 신임 받지 못함을 수치로 생각해서는 안 되며 자신의 능력이 부족함을 수치스럽게 여겨야지 다른 사람들에게 자신이 채용되지 못한 점을 수치로 생각해서는 안 된다.

따라서 군자는 다른 사람에게 자신을 돋보이려 하지 말고 또한 다른 사람들이 비방할 것을 두려워하지 말고 도를 받들고 따라 행하며 스스로를 단정하게 하여 외적인 요인으로 인하여 동요되지 말아야 한다. 무릇 이러한 군자야말로 진정한 군자라고 말할 수 있다. (제 38권 손경자)

—— 見(견): 동사 앞에 쓰여서 피동의 의미를 갖는다.
率(솔): 받들다. 따라 행하다.
傾側(경측): 한쪽으로 쏠려 바르지 못하다. 동요되다.
誠(성): 진정한

9

榮辱之責, 在乎己, 而不在乎人. (卷四十 韓子)

영화와 치욕의 모든 책임은 나에게 있는 것이지 다른 사람에게 있는 것이 아니다. (제 40권 한자)

10

家人.《象》曰 : ……君子以言有物, 而行有恆. (卷一 周易)

가정의 괘《상전》에서 말하였다.

…… 군자가 말을 함에 있어서는 말에 실체가 있어야 하고 군자가 행동을 함에 있어서는 행동에 변함이 없어야 한다. 부모 또는 간부 등 지도자의 역할을 하는 모든 사람들은 언행이 항상 진실하고 시종일관이 분명해야 한다는 말이다. (제 1권 주역)

—— 家人(가인): 가인 괘(家人卦)의 가정의 도
象(상): 주역의 상사(象辭) 또는 상전(象傳)
物(물): 사물의 내용 또는 실체

11

衣冠中, 故朝無奇僻之服 ; 所言義, 故下無僞上之報 ; 身行順, 治事公, 故國無阿黨之義. 三者, 君子常行也. (卷三十三 晏子)

군자의 의관은 장소에 적합한 것이어야 한다. 조정에서 이상한 옷을 입고 다닐 수는 없는 일이다. 말은 도의에 합당해야 한다. 신하가 위에 허위 보고하는 일은 없어야 한다. 자신의 행동이 도의에 어긋나서는 안 된다. 또한 모든 일을 처리함에 있어 공정을 기해야 한다. 그리하여 파당을 조성하여 아부를 일삼고 사적인 영달을 꾀하는 일이 없어야 한다. 이 세 가지를 군자는 항상 잊지 말아야 한다. (제 33권 안자)

—— **阿黨**(아당): 붕당의 실세인 윗사람의 비위를 맞춰 아부하며 사리를 취하고 아랫사람에게 접근하여 당의 세를 불리고 사당화하는 것

12

故聲無小而不聞, 行無隱而不形. 玉在山而木草潤, 淵生珠而崖不枯. 爲善積也, 安有不聞者乎? (卷三十八 孫卿子)

소리가 작건 크건 들리게 마련이고 행위는 가려서 감추건 안 감추건 간에 나타나게 마련이다. 산에 옥이 묻혀 있다 하여 초목이 자라지 않는 것이 아니며 못에 진주가 자라고 있다하여 못가에 풀이 말라 죽지 않는다. 선행을 하고 바르게 살다보면 날이 갈수록 덕이 쌓이니 이런 덕망 있는 사람을 모르는 이가 어디 있겠는가?

크고 대단해 보이는 일만이 전부가 아니고 작든 크든 알아주든 안 알

아주든 꾸준히 선행을 하면 필히 좋은 결과가 있다는 교훈의 말이다.

(제 38권 손경자)

—— 安(안): 어디 어느 곳에(반문을 나타내는 의문부사로 동사의 앞에 옴.)

6
겸허(謙虛)

1

《彖》曰：謙亨. 天道下濟而光明, 地道卑而上行. 天道虧盈而益謙, 地道變盈而流謙, 鬼神害盈而福謙, 人道惡盈而好謙. 謙尊而光, 卑而不可踰, 君子之終也. (卷一 周易)

《단전》에서 말하였다.

겸손하면 만사형통이다.

천도는 높은 곳에서 낮은 곳으로 양기를 보내 만물을 주제하고 그 밝은 빛은 땅을 비추어 준다. 지도는 낮은 곳에서 겸손한 음기를 위로 보내 하늘에서 내려오는 양기와 교감하여 땅에 조화를 이룬다. 이를 만사형통이라고 한다. 천도(天道)는 자만으로 가득 찬 곳에서 덜어내서 겸손으로 비워진 곳을 채우게 하여 겸손한 자를 이롭게 한다. 지도(地道)는 오만으로 넘쳐나는 것을 낮은 곳, 겸손한 곳으로 흐르게끔 하여 만물을 변화시킨다. 귀신은 오만한 자를 해롭게 하고 겸손한 자를 복되게 한다. 사람 또한 오만한 자를 싫어하고 겸손한 자를 좋아한다.

겸허의 덕은 이렇게 모든 곳에서 존경을 받음으로써 내적으로 하늘의 광명을 받아 존귀함을 더하고 밖으로는 낮은 자세로 살며 항상 도를 넘어서지 않으니 이것은 군자가 스스로를 수양한 결과로서 마지막 최고 경지에 도달한 것이다. (제 1권 주역)

—— 彖(단): 주역의 단사(彖辭): 또는 단전(彖傳)
亭(형): 형통, 통달의 뜻.
踰(유): 넘다. 초과하다
踰分: 본분을 넘어서다.

2

惟德動天, 無遠弗屆. 滿招損, 謙受益, 時乃天道. (卷二 尙書)

오직 덕행만이 하늘을 감동시킨다. 덕을 베푸니 멀리 다다르지 않는 곳이 없다. 오만은 해를 부르고 겸손은 이득을 받는다. 그렇다. 이것이 바로 하늘의 도(천도)이다. (제 2권 상서)

—— 屆(계): 이르다. 다다르다. (=届)

3

《象》曰 : 勞謙君子, 萬民服也. (卷一 周易)

《상전》에서 말하였다.
군자가 공손하고 겸손하니 만민이 그를 따른다. (제 1권 주역)

—— 勞謙(로겸): 겸허하고 사람들을 존경한다. 항상 겸손하다.

4

德日新, 萬邦惟懷 ; 志自滿, 九族乃離. (卷二 尙書)

군주의 덕이 날로 높아지니 많은 나라들이 합병되길 원하고 군주의 의지가 지나쳐 자만하니 구족이 떨어져 나간다. (제 2권 상서)

—— 九族(구족): 한나라 시절 유학자들이 말하는 구족은 두 가지가 있다.

1. 9대 직계 존속: 고조 · 증조 · 조부 · 부친 · 자신 · 아들 · 손자 · 증손 · 현손
2. 아버지 쪽 4족: 9대 직계 존속+출가한 딸, 외손
   어머니 쪽 3족: 외조부 · 외조모 · 이모와 아들
   처가 2족: 장인 · 장모

5

故《易》曰:「有一道, 大足以守天下, 中足以守國家, 小足以守其身, 謙之謂也.」(卷四十三 說苑)

그리하여 역경에서 말하였다.

「내가 아는 도에 따르면 대인은 족히 천하를 지키고 중간 정도 되는 사람은 족히 나라를 지키고 나와 같은 소인은 나 자신을 지키는 것만으로도 족하다. 겸손을 말한 것이다.」 (제 43권 설원)

—— 易(역): 역경(易經)

6

若升高, 必自下; 若陟遐, 必自邇. (卷二 尙書)

높이 오르면 필히 내려감이 시작되고 멀리 가면 필히 가까워지게 마련이다. 학문이나 정치를 함에 있어서 근시안적인 조급함보다는 점진적인 순서에 따라 천천히 주의를 기울여 나가다 보면 어려웠던 일이 쉬워지고 요원하던 일이 끝을 맺게 된다는 말이다. (제 2권 상서)

—— 陟遐(척하): 먼 길을 떠나다. 장도에 오르다.
邇(이): 가깝다.

7

江海所以能爲百谷王, 以其善下之. (卷三十四 老子)

백곡을 흐르는 시냇물이 가장 낮은 곳에 자리하고 있는 강과 바다로 흘러가듯이 먼 곳에 살고 있는 민족까지 모든 만민이 군주에게 돌아와 의지해 살기를 원하니 가히 백곡의 왕이라 할 수 있다. 이렇듯 모두가 그를 찾아오는 이유는 그가 가장 낮은 곳에서 겸허한 마음으로 자리하면서 모두를 편안하게 해주기 때문이다. 그리하여 그가 대국의 제왕으로서 만민의 가장 높은 곳에 있는 것이다. (제 34권 노자)

8

君子常虛其心志, 恭其容貌, 不以逸群之才加乎衆人之上; 視彼猶賢, 自視猶不肖也. 故人願告之而不厭, 誨之而不倦. (卷四十六 中論)

진정한 군주는 항상 마음을 비우고 의지를 약하게 하며 다른 사람들을 공경하는 용모를 하고 있으므로 특출한 인재로 보이지 않고 많은 사람과 같이 있으면 지위가 높은 사람으로도 보이지 않는다. 다른 사람이 보기에는 현인으로 보이나 자신은 스스로를 못난 사람으로 처신한다. 그리하여 어떤 사람이 그를 충고하려 하면 싫어하지 않고 받아들이고 그를 가르치려 해도 힘들거나 피곤해하지 않는다. (제 46권 중론)

—— **逸群**(일군): 출중하다.
不肖(불초): 자신을 칭하는 겸손한 표현, 못난 사람

9

汝惟弗矜, 天下莫與汝爭能. 汝惟弗伐, 天下莫與汝爭功.
(卷二 尙書)

너 스스로 너의 능력을 뽐내지 않으면 어느 누구도 너와 경쟁하려 하지 않을 것이다. 너 스스로 너의 공적을 과시하지 않는다면 어느 누구도 너와 다투려 하지 않을 것이다. (제 2권 상서)

―― 矜(긍): 능력을 뽐내고 자랑하다.
伐(벌): 공적을 과시하며 자랑하다.

10

夫人有善鮮不自伐, 有能者寡不自矜. 伐則掩人, 矜則陵人. 掩人者人亦掩之, 陵人者人亦陵之. (卷二十六 魏志下)

무릇 선행을 하는 사람은 자신의 공적을 과시하는 일이 별로 없고 능력이 있는 사람은 스스로 자신의 능력을 자랑하지 않는다. 자신의 공적을 과시하려는 사람은 남의 공적을 가리려는 사람이다. 자신의 능력을 자랑하려는 사람은 다른 사람의 능력을 뛰어넘으려는 사람이다.

다른 사람의 공적을 가리려는 사람에게는 다른 사람 또한 그의 공적을 가려 보이지 않게 하려 할 것이다. 다른 사람의 능력을 뛰어넘으려는 사람에게는 다른 사람도 또한 그와 경쟁하여 그를 뛰어넘으려 할 것이다. (제 26권 위지 하편)

―― 鮮(선): 적다.
掩人(엄인): 다른 사람의 장점을 가리려는 사람
陵人(능인): 큰 세력으로 작은 세력을 압도하려한다. 뛰어넘으려한다.

11

子曰 :「如有周公之才之美, 使驕且吝, 其餘不足觀也已.」
(卷九 論語)

공자가 말하였다.

「다른 사람이 주공과 같은 빼어난 재능을 갖고 있었다면 아마도 교만하고 인색하여 일반사람들이 그 재능을 볼 수 있는 여유조차 얻기 힘들었을 것이다.」 (제 9권 논어)

12

「亢龍有悔」, 何謂也? 子曰 :「貴而無位, 高而無民, 賢人在下位而無輔, 是以動而有悔也.」……「亢」之爲言也, 知進而不知退, 知存而不知亡, 知得而不知喪. 其唯聖人乎! 知進退存亡, 而不失其正者, 其唯聖人乎! (卷一 周易)

「가장 높은 위치에 있는 제왕을 항룡이라 칭하는데 높은 자리에 있을수록 겸허한 마음으로 자신을 경계하지 않으면 회한으로 남을 수 있습니다.」

어찌하여 그렇게 말씀하십니까?

그가 말했다.

「지위가 가장 고귀한 위치에 오르면 더 이상 오를 지위가 없게 되고 신분이 가장 높은 곳에 자리하면 주위에 가까이 오는 사람이 없게 됩니다. 현인이 있다고 하나 신분이 너무 낮아 옆에 있으면서 보좌할 방법이 없습니다. 그러므로 제왕은 행동을 조심하지 않으면 후에 크게 후회할 수 있습니다.」

본시 "항"이라는 글자는 목구멍이라는 뜻을 갖고 있다. 인체에 영양을 공급하고 가장 위에 자리하여 항룡을 제왕에 비유한다. 그러나 목구멍이 그러한 중요한 위치에 있는 반면에 일단 삼키면 뱉지 못하는 특성도 갖고 있다. 이와 마찬가지로 군주 또한 나라가 항상 존재하는 것만 알고 망할 수 있다는 것을 모른다.

오직 성인만이 그러한 지혜를 갖고 있다.

진퇴 · 존망 · 여하를 알고 있으며 어느 경우에도 그 정도를 잃지 않는다. 오직 성인만이 그러한 지혜를 갖고 있다! (제 1권 주역)

7

근신(謹愼)

1

惟聖罔念作狂, 惟狂克念作聖. (卷二 尙書)

아무리 성인이라 하더라도 실의에 빠져 멍한 상태에서 벗어나지 못하면 미친 사람이 되고 미친 사람도 망념을 극복하고 바른 생각을 지속한다면 그도 성인이 될 수 있다. 사람은 생각을 어찌하느냐에 따라 큰 차이가 있다. 즉, 극념이냐 망념이냐에 따라 성인도 미친 사람도 될 수 있다. (제 2권 상서)

—— 罔念(망념): 실의에 빠져 아무런 생각 없이 멍한 상태
狂(광): 터무니없고 망령 된 생각으로 우매한 상태
克念(극념): 비정상적인 정신상태를 극복하여 바른 생각으로 돌아오는 것

2

傳曰 :「從善如登, 從惡如崩.」(卷二十七 吳志上)

경전《국어》에서 말하였다.

「착한 마음을 따라 행하는 것은 산을 오르는 것과 같이 힘이 들고 악을 따라 행하는 것은 마치 산이 무너지는 것과도 같아 발을 헛디디게 되

면 평생을 망칠 것이다.」 (제 27권 오지 상편)

—— 傳(전): 국어(國語) 춘추전국시대 좌구명(左丘明)의 저서. 총 21권으로 춘추시대의 군신간의 어록

3

《曲禮》曰 : 毋不敬, 儼若思, 安定辭, 安民哉! (卷七 禮記)

《곡예》에서 말하기를

공경하지 않는 것이 없을 만큼 바른 예의를 갖추고 깊게 생각하는 것과 같은 장중한 얼굴로 조리 분명한 언어를 구사한다면 만민을 안정시킬 수 있을 것이다. (제 7권 예기)

—— 曲禮(곡예): 예기(禮記)의 편명. 춘추 전후의 귀족사회생활양식을 참고 할 수 있는 문헌
儼(엄): 엄숙하고 공손한 용모

4

位已高而意益下, 官益大而心益小, 祿已厚而愼不敢取. (卷四十三 說苑)

지위가 높아졌으나 공명의 의지는 날로 줄고 관직은 커질수록 마음은 갈수록 소심해진다. 많아진 녹봉을 감히 받기가 조심스럽다. 국가 관리의 근신하는 생활태도와 욕심 없는 마음가짐을 서술하였다.

(제 43권 설원)

5

生而貴者驕, 生而富者奢. 故富貴不以明道自鑒, 而能無爲非者寡矣. (卷三十五 文子)

출생 시부터 귀하게 자란 사람은 교만하기 쉽고 출생 시부터 부유하게 자란 사람은 사치하기 쉽다. 따라서 본시 부귀를 누리며 자란 사람은 스스로 반성하며 도를 깨우치려 하지 않는다면 인생을 바로 살 수 있는 가능성이 희박하다. (제 35 문자)

6

九三 :「君子終日乾乾, 夕惕若厲, 無咎.」何謂也? 子曰 :「君子進德修業. 忠信所以進德也 ; 修辭立其誠, 所以居業也. 是故居上位而不驕, 在下位而不憂. 故乾乾因其時而惕, 雖危無咎矣.」(卷一 周易)

건괘 구삼 효사에서 말하였다.

「군자가 하루 종일 열심히 노력하고 저녁때까지도 근신하며 자신을 경계하니 재난이 닥쳐도 무탈하다.」

무슨 말입니까? 하고 한 사람이 물었다.

「군자가 덕을 증진시키는 공업을 세우는 것을 말합니다. 충성되고 신실한 마음으로 열심히 노력하여 덕을 증진시키고 많은 사람을 교화시키기 위하여 문장으로 만들고 실행하여 언행일치의 충성됨으로 덕을 쌓는 일을 의미합니다. 이리하여 윗자리에 있어도 교만하지 않고 아랫자리에 있어도 근심하지 않습니다. 이렇게 꾸준히 노력하고 근신하니 비록 위험이 닥친다고 해도 해로운 일은 없을 것 입니다.」 (제 1권 주역)

—— 九三(구삼): 주역의 건괘 구 · 삼 효사(乾卦九三爻辭)
乾乾(건건): 스스로 꾸준히 노력하는 모양
惕若(척약): 조심하고 두려워한다. 若은 어조사로 의미가 없다.
厲(려): 세찬 역경
咎(구): 죄과, 재앙

7

道也者, 不可須臾離也, 可離非道也. 是故君子戒愼乎其所不睹, 恐懼乎其所不聞. 莫見乎隱, 莫顯乎微, 故君子愼其獨也. (卷七 禮記)

도는 다니는 길과도 같아서 잠시도 떨어져 있을 수 없다. 떨어져 있을 수 있다면 그것은 도가 아니다. 고로 군자는 보이지 않는 곳이라도 조심하고 경계하며 들을 수 없는 곳이라도 두렵게 생각하여 신중을 기해야 한다. 숨긴다 하여 보이지 않는 것이 없고 아무리 작은 것도 결국에는 나타나게 되어 있다. 고로 군자는 혼자 있을 때라도 항상 신중해야 한다. (제 7권 예기)

8

行有四儀 : 一曰, 志動不忘仁, 二曰, 智用不忘義, 三曰, 力事不忘忠, 四曰, 口言不忘信. 愼守四儀, 以終其身, 名功之從之也, 猶形之有影, 聲之有響也. (卷三十六 尸子)

사람이 언행을 할 때 지켜야 할 네 가지 원칙이 있다.
첫째, 의욕이 커질 때는 너그러운 인애를 잊지 마라.
둘째, 머리를 써서 일을 도모할 때는 의를 잊지 마라.

셋째, 직무를 수행할 때는 충성을 잊지 마라.

넷째, 말을 할 때는 신뢰감을 주어야 함을 잊지 마라.

네 가지 원칙을 신중히 지켜나가면 평생 동안 좋은 평판을 듣게 되고 일도 순조로울 것이다. 모든 일이 서로가 영향을 주는 것은 메아리 소리와도 같은 것이다. (제 36권 시자)

—— **儀**(의): 법칙, 준칙
響(향): 회성, 반향, 메아리

9

君子口無戲謔之言, 言必有防 ; 身無戲謔之行, 行必有撿. 言必有防, 行必有撿, 雖妻妾不可得而黷也, 雖朋友不可得而狎也. 是以不慍怒, 而教行于閨門 ; 不諫諭, 而風聲化乎鄕黨. 傳稱「大人正己而物正」者, 蓋此之謂也. (卷四十六 中論)

군자의 입은 시끄럽게 떠들거나 함부로 농을 하지 않는다. 말은 필히 일정한 규칙을 지켜야 하기 때문이다. 행동은 난잡하거나 우스꽝스럽게 해서는 안 된다. 필히 신중하도록 단속해야 한다. 말이 법도를 지키고 행동이 신중함을 잃지 않으니 처와 첩도 감히 경거망동하지 않으며 비록 친구라 하더라도 함부로 대하지 않는다. 성난 기색을 띠지 않아도 가르침이 규방에까지 이르며 잘못을 타일러 나무라지 않아도 그 기풍이 온 마을을 교화시킨다.

경전《맹자》에서 말하기를

「성인이 자신을 바르게 하면 주변의 많은 사물이 같이 단정해진다.」 라고 하였다. 대략 이러한 뜻으로 한 말이다. (제 46권 중론)

—— **戲謔**(희학): 농담하다. 익살떨다.
防(방): 약속 · 규칙을 지키다.
撿(검): 준수, 점검의 뜻
黷(독): 버릇없이 제멋대로하다. 방종하다.
慍怒(온노): 성난 기색, 노기를 띠다.

10

戒之哉! 無多言, 多言多敗 ; 無多事, 多事多患. 安樂必誡, 無行所悔. (卷十 孔子家語)

경계하라!

말을 많이 하지 마라. 말을 많이 하면 되는 일이 없다.

일을 많이 벌이지 마라. 일을 많이 벌이면 편할 날이 없다.

편안할 때 필히 자신을 경계하여 후회할 일을 만드는 일이 없어야 한다. (제 10권 공자가어)

11

子曰 :「亂之所生也, 則言語爲之階. 君不密則失臣, 臣不密則失身, 機事不密則害成. 是以君子愼密而不出也.」(卷一 周易)

공자가 말하였다.

「혼란할 때에 일이 생기는 법이니 언어를 구사할 때에는 항상 절차를 지켜서 해야 한다. 군주가 언행을 주도면밀하게 하지 않으면 신하를 잃게 되고 신하가 언행을 주도면밀하게 하지 않으면 자기 자신을 잃게 된다. 또한 기회가 왔을 때 주도면밀하게 하지 않으면 성공을 그르치게 된다. 따라서 군자는 근신하여 매사에 신중함을 기해야 하고 함부로 자신의 생각을 표출해서는 안 된다.」 (제 1권 주역)

—— 階(계): 경로, 절차, 연유

12

夫輕諾必寡信, 多易必多難. 是以聖人猶難之, 故終無難.
(卷三十四 老子)

무릇 쉽게 허락하는 것은 신용하기가 어렵듯이 너무 쉬워 보이는 일은 필경 앞으로 많은 어려움을 만날 것이다. 따라서 성인은 어려워 보이는 일을 택하고 결국에는 무난히 일을 끝내게 된다. 세상일은 겉만 보고 속단하여 다른 사람들이 하는 대로 따라가면 실체에 바르게 접근하기가 어렵다. 뿐만 아니라 항상 다른 사람과 비슷한 어려움만 겪게 되고 큰 성공을 취하기 어렵다. 세상에는 아주 쉬운 일도 없고 너무 어려운 일도 없다. 따라서 항상 신중하고 겸허한 자세로 일을 대하고 순박한 마음으로 꾸준히 정진하면 오히려 시간이 지난 후 큰 성공을 얻게 된다는 말이다. (제 34권 노자)

8

교우(交友)

1

故君子之接如水, 小人之接如醴 ; 君子淡以成, 小人甘以壞. (卷七 禮記)

군자와의 만남은 물과 같고 소인과의 만남은 그 맛이 단술과도 같다. 군자와의 만남은 담담하지만 일을 이룰 수 있으나 소인과의 만남은 달콤하지만 일을 그르치기 일쑤이다. 군자는 우의를 지키고자 도리를 따르지만 소인은 이익을 지키고자 다른 사람에게 손해를 끼친다는 말이다. (제 7권 예기)

—— 醴(례): 단술, 감미로운 술
壞(괴): 나쁜 수단, 나쁜 결과

2

故曰 : 與善人居, 如入芝蘭之室, 久而不聞其香, 卽與之化矣 ; 與不善人居, 如入鮑魚之肆, 久而不聞其臭, 亦與之化矣. 是以君子必愼其所與者焉. (卷十 孔子家語)

고로 말하자면

선량한 사람과 같이 있으면 난초향이 은은한 방에 있는 듯하다. 하지만 시간이 지나고 나면 향기를 느끼지 못한다. 향기에 동화되었기 때문이다. 선량하지 않은 사람과 같이 있으면 건어물 상점에 있는 듯하다. 하지만 시간이 지나면 냄새를 맡지 못한다. 동화되었기 때문이다. 따라서 군자는 필히 가는 장소와 만나는 사람을 신중하게 고려해야 한다.

(제 10권 공자가어)

—— **鮑魚之肆**(포어지사): 건어물 상점

3

孔子曰 :「益者三友, 損者三友. 友直, 友諒, 友多聞, 益矣. 友便辟, 友善柔, 友便佞, 損矣.」(卷九 論語)

공자가 말하였다.

「이익을 주는 세 친구가 있고 손해를 끼치는 세 친구가 있다. 정직한 친구, 너그러운 친구, 견문이 넓은 친구, 이는 이익을 주는 친구이다.

다른 사람의 비위를 잘 맞추어 사람을 쉽게 사귀는 사람, 겉보기에는 유순한 모양으로 사람들 비위를 잘 맞추는 사람, 교묘한 말재간으로 말주변이 좋은 사람. 이 셋은 손해를 끼치는 친구이다.」 (제 9권 논어)

—— **諒**(량): 너그럽고 관대하다.
便辟(편피): 비위를 잘 맞추며 다른 사람과 영합을 잘 하는 사람
善柔(선유): 잘 웃고 유순한 모양을 위선하여 다른 사람의 비위를 잘 맞추는 사람
便佞(편녕): 교모한 말로 말주변이 좋은 악한 사람

9

학문(學問)

1

學不倦, 所以治己也 ; 教不厭, 所以治人也. (卷三十六 尸子)

학문에 권태를 느끼지 않으니 능히 나 자신을 다스릴 수 있고 가르치는 것을 싫어하지 않으니 다른 사람을 다스려 감화시킨다. 학문하는 바람직한 형태를 말하고 있다. (제 36권 시자)

2

君子學以聚之, 問以辨之, 寬以居之, 仁以行之. (卷一 周易)

군자는 배움으로써 많은 학문을 취합하고, 모르는 것은 물어봄으로써 사실 시비를 분명하게 하며, 너그러움과 관대함으로 만물을 상대하고, 자애로운 인애로써 그 덕을 온 세상에 베풀어 시행한다. 선비의 학문하는 자세를 말하고 있다. (제 1권 주역)

3

工欲善其事, 必先利其器 ; 士欲宣其義, 必先讀其書. 《易》曰 :「君子以多志前言往行, 以畜其德.」(卷四十四 潛夫論)

전문 기술을 가진 공장이 자신의 일을 잘 하기 위해서는 필히 공구부터 잘 챙겨야 하듯이 선비가 그 의기를 널리 펼치고자 한다면 필히 성현들의 경서부터 읽어야 할 것이다.

《역경》에서 말하기를

「군자는 여러 방면의 많은 선인들로부터 본받을 만한 유익한 말과 좋은 행실들을 두루 익혀서 자신의 덕을 쌓아야 한다.」라고 하였다.

학문하는 방법을 말하고 있다. (제 44권 잠부론)

—— 志(지): 뜻을 두다. 익혀 기억하다.
畜(축): 배양하다. 덕을 키운다. 덕을 쌓는다.

4

曾子曰 :「君子攻其惡, 求其過, 强其所不能, 去私欲, 從事於義, 可謂學矣.」(卷三十五 曾子)

증자가 말하였다.

「군자는 자신의 나쁜 점을 스스로 꾸짖어 그 잘못된 일로부터 자신을 구하고 자신의 약점을 보강하여 사리사욕을 털어낸다. 이리하여 모든 일을 도의로써 행하니 이것을 가히 학문을 한다고 말할 수 있다.」라고 하였다. (제 35권 증자)

—— 强(강): 보강하다. 힘쓰다.

5

子曰 :「吾嘗終日不食, 終夜不寢, 以思, 無益, 不如學也.」(卷九 論語)

공자가 말하길

「내가 온 종일 밥도 먹지 않고 느껴 보고 온 밤을 잠 안자며 생각해 보았으나 전혀 무익하다. 책 보며 학문하느니만 못하다.」라고 하였다.

자기 수양에 있어 학문의 우월성을 말하고 있다. (제 9권 논어)

6

見善, 必以自存也 ; 見不善, 必以自省也. 故非我而當者, 吾師也 ; 是我而當者, 吾友也 ; 諂諛我者, 吾賊也. (卷三十八 孫卿子)

선행을 보면 필히 그 자리에 내가 있는 것처럼 생각하여 나의 본보기로 삼아야 한다. 좋지 못한 행위를 보게 되면 스스로 내 일처럼 반성하여 앞으로 나에게도 나타날 수 있는 나쁜 행위를 미리 경계한다. 그리하여 자신이 직접 당한 일이 아님에도 이를 자신에게 가르침을 주는 스승으로 삼아 배움을 얻으니 이것은 나의 스승이다. 이렇게 배움을 얻는 것은 본인이 직접 경험한 것이나 다름이 없으니 이것은 나의 친구이다. 그러나 아부하여 듣기 좋은 말로 자신을 추켜세우는 사람이 있다면 그 사람은 바로 나의 학문의 공을 망치는 큰 도적이다. 학문을 함에 있어 주의해야 할 점을 말하고 있다. (제 38권 손경자)

—— 是(시): 찬성, 긍정의 뜻

7

儒家者流, 蓋出於司徒之官, 助人君, 順陰陽, 明教化者也. 游文於六經之中, 留意於仁義之際. 祖述堯舜, 憲章文武, 宗師仲尼, 以重其言, 於道最爲高. (卷十四 漢書二)

유가학파 사람들은 대개는 국가의 관리직에 나아가 군주를 보필하고 음양의 도리에 순응하며 백성을 교화시키는 능력이 탁월한 사람들이다. 그들은 시경 · 서경 · 예경 · 역경 · 악경 · 춘추 · 육경의 경문을 두루 섭렵하고 그 중에서도 특히 인과 의를 행할 경우를 특히 유의하여 중요시한다. 요순임금의 행적을 본받아 이를 자세히 설명하고 주나라 문왕과 무왕의 행적을 명기하여 장전으로 만들고 이를 준수한다. 공자를 종사부로 삼아 성현들의 말씀을 받들고 공부하니 그 학문의 도의 경지가 최고조에 이르렀다. (제 14권 한서 2집)

—— **司徒**(사도): 고대 관직의 이름. 국가의 토지를 관리하거나 백성을 교화시키는 업무를 담당

六經(육경): 시경(詩經), 서경(書經), 예경(禮經), 역경(易經), 악경(樂經), 춘추(春秋)

祖述(조술): 고인들의 행적을 본받고 이것을 다른 사람들에게 설명하여 전한다.

憲章(헌장): 법제의 준수

宗師(종사): 제일 큰 사부

重(중): 받들다. 추궁하다.

8

道家者流, 蓋出於史官. 歷紀成敗存亡禍福古今之道, 秉要執本, 淸虛以自守, 卑弱以自持, 此君人南面者之術也. 合於堯之克讓,《易》之嗛嗛. 一謙而四益, 此其所長也. (卷

十四 漢書二)

도가 학파는 대부분 사관출신이 많다.

역대의 성패존망과 길흉화복을 관장하는 도의 근본을 밝히고 이를 정리하였다. 청정함을 유지하고 자신을 비우며 낮은 곳에서 약하고 유연함을 견지함으로써 자신을 지킨다. 겸허함으로 자연 만물의 순리를 따름으로써 오히려 강해지고 오래 보전될 수 있다는 논리를 주장하였다. 이 논리는 군주의 국가 통치의 방법으로도 받아들여지고 있다.

요나라 임금 때의 양보하는 마음과 《역경》에서 나오는 겸손에 모두 부합되는 개념이다. 한 번 겸허하면 네 곳이 유익하다고 한다. 하늘에 유익하고 땅에 유익하고 신에게 유익하며 사람에게 유익하다. 이것이 도가에서 주장하는 도의 기본 요체이다. (제 14권 한서 2집)

—— 秉要執本(병요집본): 요지와 근본을 모두 장악하여 밝히다.
淸虛(청허): 마음을 청정하게 하고 자신을 비운다는 뜻
自守(자수): 자기 본분 또는 본성을 지킨다.
克讓(극양): 겸양, 욕심을 극복하고 겸향하게 하다.
嗛嗛(겸겸): 겸손한 용모
南面了(남면자): 군왕, 최고 권력자 군주가 조정에서 항상 남쪽을 바라보고 있기 때문에 나온 말이다.

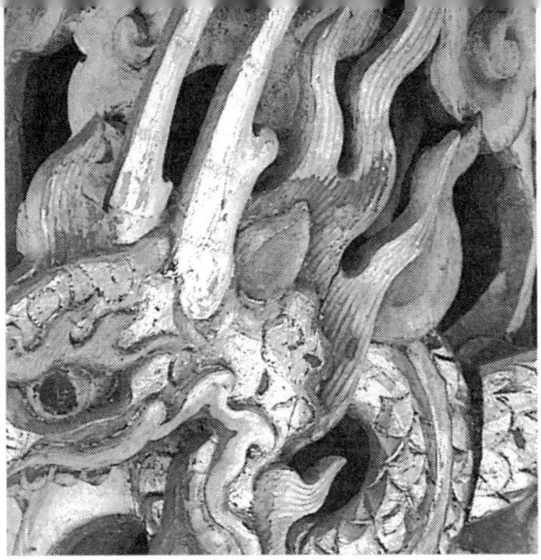

제 3권

신도(臣道)

THE WAY OF A MINISTER

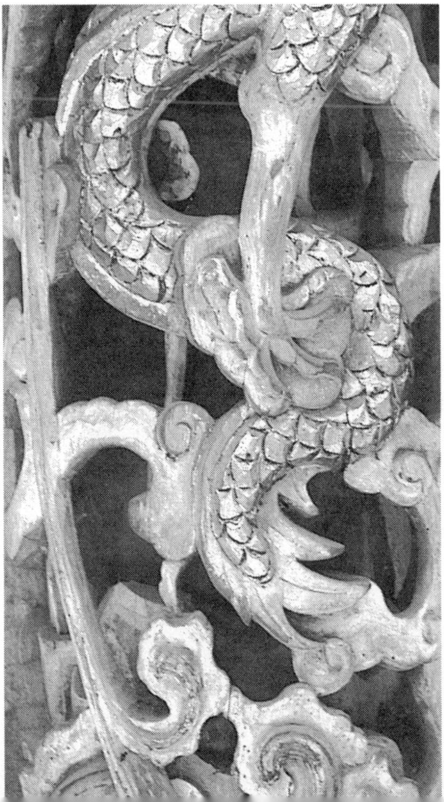

1

입절(立節)

1

歷觀古今功名之士, 皆有積累殊異之跡, 勞身苦體, 契闊勤思, 平居不惰其業, 窮困不易其素. (卷二十八 吳志下)

예부터 지금에 이르기까지 지난 세월을 되돌아보면 공을 세우고 이름을 날린 사회 인사들은 모두가 남다른 업적과 족적을 남긴 것을 알 수 있다. 부단한 노력으로 어려움을 극복하였으며 부지런히 많은 사람들과 뜻을 나누고 평상시에도 항상 일을 게을리하지 않았다. 그리하여 가난과 어려움에 처하여도 그 본색을 바꾸는 일이 없었다.(제 28권 오지 하편)

—— 殊異(수이): 특별히 다른, 남다른
契闊(계활): 부지런히 노력하여 어려움을 같이 한다.
不易其素 (불이기소): 평소에 수양하던 의지와 그 소양을 바꾸지 않는다.

2

夫賢者之爲人臣, 不損君以奉佞, 不阿衆以取容, 不墮公以聽私, 不撓法以吐剛, 其明能照奸, 而義不比黨. (卷四十四 潛夫論)

무릇 현자는 신하로서의 직분을 수행함에 있어서 듣기 좋은 말로 아부하여 군주를 손상시키지 않고 자신의 안위를 위하여 뜻을 굽혀 많은 사람들과 영합하지 않으며 사적인 이익을 얻기 위해 공적인 도의를 저버리지 않고 세력을 휘둘러 법질서를 어지럽히지 않는다.

또한 이들은 간사한 사람들을 분별 할 수 있을 만큼 현명한 사람들이며 군주에 대한 도의를 갖추고 있어 붕당을 만들어 세력을 키울 생각을 갖지 않는다. (제 44권 잠부론)

—— **阿衆**(아중): 여러 사람과 영합하다.
吐剛(토강): 강한 것을 토해낸다. 강한 힘을 보여 위협한다.
比黨(비당): 세력을 겨루어 경쟁적으로 결당하는 것

3

楊震字伯起, 弘農人也. 遷東萊太守. 道經昌邑, 故所擧茂才王密爲昌邑令, 謁見, 至夜懷金十斤以遺震. 震曰 :「故人知君, 君不知故人何也?」密曰 :「暮夜無知者.」震曰 :「天知神知, 我知子知, 何謂無知?」(卷二十三 後漢書三)

양진은 자가 백기이며 홍농 출신이다.

관직이 바뀌어 동래 태수로 부임되어 가는 도중 창읍을 경과하게 되었다. 그 곳은 이전에 자신이 추천하여 관직을 얻은 수재 왕밀이 현령으로 재임하고 있었다. 그가 양천을 찾아와 만나게 되어 하루를 묵게 되었다. 밤이 되자 그가 금 열 근을 품에서 꺼내 양천에게 내놓았다.

양천이 말하였다.

「나는 당신을 알고 있는데 당신은 어찌 나를 모르십니까?」

왕밀이 말하였다.

「어두운 밤이어서 아는 자가 없습니다.」

양천이 말하였다.

「하늘이 알고 신이 알며 내가 알고 당신이 아는데 어찌 아는 자가 없다고 말하십니까?」 (제 23권 후한서 3집)

—— 故(고): 과거 종전에

茂才(무재): 수재를 뜻한다. 고대에 왕 · 선조 · 존장 등의 이름에 있는 글자를 되도록 쓰지 않음으로써 존경을 표시한 적이 있다. 무재도 이와 같은 예로 평시에 일반적으로 쓰는 글자가 아니다. 한나라 광무제 때 秀를 茂로 대체하여 사용하였다. 왕의 이름에 있는 글자를 피하는 것을 피휘(避諱)라고 한다.

遺(유): 주다의 뜻

故人(고인): 자칭 나, 저, 이전에 많이 만났던 사람 간에 쓰는 자칭

4

昔者晉平公問於叔向曰 :「國家之患, 孰爲大?」對曰 :「大臣重祿不極諫, 小臣畏罪不敢言, 下情不上通, 此患之大者.」(卷二十二 後漢書二)

예전에 진평공이 묻고 숙향이 답하였다.

진평공이 물었다.

「국가의 우환 중 어느 것이 가장 큰 우환입니까?」

숙향이 대답하였다.

「대신은 봉록을 많이 받으면서 힘을 다하여 간언하지 않고 지위가 낮은 신하는 죄를 뒤집어쓸까 두려워 감히 말을 하지 못하니 아래의 정황이 윗사람에게 전해져 소통이 되지 않으면 이것이 국가의 가장 큰 우환입니다.」 (제 22권 후한서 2집)

—— 孰(숙): 누구, 어느 것

極諫(극간): 신하가 힘을 다하여 간하고 권고하는 것

5

嬰聞一心可以事百君, 三心不可以事一君. 故三君之心非一心也, 而嬰之心非三心也. (卷三十三 晏子)

내(안자)가 들어 본 바에 따르면 한 마음이 백 명의 군주를 모실 수 있지만 세 마음이 한 명의 군주를 모실 수 없다. 고로 세 군주의 마음이 한 마음이 아닌 것이다. 내 마음도 세 마음이 아니다. 한 마음이다. 안자는 제나라의 세 군주를 모셨다. (제 33권 안자)

—— **嬰**(영): 안자의 자, 안자의 자칭
三君(삼군): 안자가 모신 제나라의 삼공. 영공(靈公), 장공(莊公), 경공(景公)

2

진충(盡忠)

1

人臣之行, 有(有作行)六正則榮, 犯六邪則辱. 何謂六正 : 一曰, 萌牙未動, 形兆未見, 昭然獨見存亡之機, 得失之要, 豫禁乎未(未作不)然前(前上有之字), 使主超然立乎顯榮之處, 如此者聖臣也 ; 二曰, 虛心白意, 進善通道, 勉主以禮義, 諭主以長策, 將順其美, 匡救其惡, 如此者大(大作良)臣也 ; 三曰, 夙興夜寐, 進賢不懈, 數稱於往古之行事, 以厲主意, 如此者忠臣也 ; 四曰, 明察極見成敗, 早防而救之, 塞其間, 絶其源, 轉禍以爲福, 使君終以無憂, 如此者智臣也 ; 五曰, 守文奉法, 任官職事, 不受贈遺, 衣服端齊, 食飮節儉, 如此者貞臣也 ; 六曰, 國家昏亂, 所爲不諛, 敢犯主之嚴顔, 面言主之過失, 如此者直臣也. 是謂六正也. 何謂六邪 : 一曰, 安官貪祿, 不務公事, 與世沈浮, 左右觀望, 如此者具臣也 ; 二曰, 主所言皆曰善, 主所爲皆曰可, 隱而求主之所好而進之, 以快主之耳目, 偸合苟容, 與主爲樂, 不顧其後害, 如此者諛臣也 ; 三曰, 中實險詖, 外貌小謹, 巧言令色, 又心疾賢, 所欲進則明其美隱其惡, 所欲退則明其過匿其美, 使主賞罰不當, 號令不行, 如此者姧臣也 ; 四曰, 智足以飾非, 辯足以行說, 內離骨肉之親, 外妬亂朝廷,如此者讒臣也；五曰，專權擅勢，以爲輕重，私門成黨，以富其家，擅矯主命，以自顯貴，如此者賊臣也；六曰，諂主以邪，墜主於不義，朋黨比周以蔽主明，使白黑無別，是非無聞，使主惡布於境內，聞於四鄰，如此者亡國之臣也. 是謂六邪. (卷四十三 說苑)

신하의 품행에 있어 여섯 가지 바른 일을 행하면 신하의 이름이 영예롭게 되고 여섯 가지 사악한 일을 범하면 신하의 이름이 욕되게 된다.

육정(六正)

1. 식견이 높고 선견지명이 있어 현재 일어나지 않은 우환을 미리 예방하는 신하. 이를 성신(聖臣)이라고 한다.
2. 깨끗한 마음과 굳은 의지로 착한 일을 돕고 악한 일을 몰아내는 신하. 이러한 신하를 양신(良臣)이라고 한다.
3. 부지런하고 열심히 일하며 현명하고 능력 있는 사람을 천거함을 게을리하지 않는 신하. 이러한 신하를 충신(忠臣)이라고 한다.
4. 일의 성패를 명확하게 살펴 실행하며 일이 잘못되더라도 재빠르게 수습하는 신하. 이런 신하를 지신(智臣)이라고 한다.
5. 직분을 철저히 지켜 엄수하고 청렴하게 공의를 지켜나가는 신하. 이런 신하를 정신(貞臣)이라고 한다.
6. 불의와 야합하지 않고 강직하게 정도를 지켜 용감하게 간언하는 신하. 이런 신하를 직신(直臣)이라고 한다.

육사(六邪)

1. 관직에 안주하여 공무에는 소홀히 하며 날만 보내는 신하. 이런 신하를 숫자만 채운다 하여 구신(具臣)이라고 한다.
2. 아첨을 일삼아 알랑거리고 자신의 의지를 쉽게 꺾어 다수에 영

합하는 신하. 이런 신하를 유신(諛臣)이라고 한다.

3. 아양 떠는 표정으로 교묘한 말을 잘하며 덕망 있고 능력 있는 현인을 질투하는 신하. 이런 신하를 간신(奸臣)이라고 한다.
4. 달콤한 말로 남을 꼬드겨 이간질을 일삼는 신하. 이런 신하를 참신(讒臣)이라고 한다.
5. 전권을 휘둘러 직위를 남용하고 세력을 규합하여 당을 결성하여 이 당을 개인 마음대로 할 수 있도록 사당화 하는 신하. 이런 신하를 적신(賊臣)이라고 한다.
6. 막후에서 지휘하여 바람을 일으키고 군주에 대한 나쁜 소문을 퍼뜨리며 온갖 풍파를 만들어 군주의 존립을 위협하는 신하. 이런 신하를 망국지신(亡國之臣)이라고 한다. (제 43권 설원)

2

子曰:「君子之事上也, 進思盡忠, 退思補過, 將順其美, 匡救其惡, 故上下(上下下舊有治字, 删之)能相親也.」(卷九 孝經)

공자가 말하기를

『군자가 할 일은 군왕을 받드는 일이다. 조정에 나갈 시에는 충성을 다 할 것을 생각하고 물러나서는 잘못된 점을 고칠 것을 생각하여 군왕이 하는 일이 좋은 일이면 그것을 따라 돕고 잘못된 것이라면 이를 바로잡아 구해야 한다. 그리하여 군왕과 신하간의 관계가 서로 친밀해 질 수 있다.』라고 하였다. (제 9권 효경)

3
권간(勸諫)

1

忠有三術 : 一曰防, 二曰救, 三曰戒. 先其未然, 謂之防也 ; 發而進諫(進諫作止之), 謂之救也 ; 行而責之, 謂之戒也. 防爲上, 救次之, 戒爲下. (卷四十六 申鑒)

신하의 충정을 세 가지로 나누어 설명할 수 있다.

첫째가 방(防)이며 둘째가 구(救)이며 셋째가 계(戒)이다.

첫째는 일이 발생하기 이전에 먼저 대비하는 것으로 예방의 의미로 방이라고 한다.

둘째는 일이 일어났을 때 나서서 진언하여 사태를 수습함으로써 위험에서 구한다 하여 구라고 한다.

셋째는 일을 처리한 것이 잘못이 있을 경우 그 행위에 대한 책임을 물어 징계한다는 의미를 계라고 한다.

미리 예방하는 것이 가장 좋고 그다음이 일이 발생했을 때 신속히 해결하여 구하는 것이며 마지막이 그 결과에 대하여 책임을 지는 것이다.

(제 46권 신감)

2

孔子曰 :「侍於君子有三愆 : 言未及之而言, 謂之躁 ; 言及之而不言, 謂之隱 ; 未見顔色而言, 謂之瞽.」(卷九 論語)

공자가 말하기를

「윗사람을 수행할 때 항상 범하기 쉬운 세 가지 잘못이 있다. 말을 할 때가 아닌 상황에서 미리 말을 하면 이것은 조급한 것이다. 말을 할 때에 말을 하지 않으면 상대방에게 감추려는 듯한 인상을 주어 사실을 은닉하려 한다는 말을 듣게 된다. 윗사람의 심기나 안색을 살피지 않고 임의대로 말하게 되면 윗사람에게 실례가 될 뿐만 아니라 앞 못 보는 소경처럼 무분별하다고 말 할 수 있다.」라고 하였다. (제 9권 논어)

—— 愆(건): 과실, 잘못
顔色(안색): 표정
瞽(고): 소경, 식견이나 관찰력이 전혀 없는 사람

3

景公問晏子曰 :「忠臣之事君, 何若?」對曰 :「有難不死, 出亡不送.」公不悅曰 :「君裂地而富(富作封)之, 疏爵而貴之, 有難不死, 出亡不送, 其說何也?」對曰 :「言而見用, 終身無難, 臣何死焉 ; 謀而見從, 終身不出, 臣何送焉. 若言不用, 有難而死, 是妄死也 ; 謀而不從, 出亡而送, 是詐僞也. 忠臣也者, 能納善於君, 而不與君陷於難者也.」(卷三十三 晏子)

제나라 경공이 묻고 안자가 답하였다.

경공이 물었다.

「충신이 군주를 받드는 것이 어떠합니까?」

안자가 대답하였다.

「군주가 곤경에 처할 때 신하는 죽음을 무릅쓰지 않습니다. 군주가 도망가려 할 때 같이 동행하려 하지 않습니다.」

경공이 기분이 좋지 않은 얼굴로 말하였다.

「군주가 토지를 신하에게 나누어 주었고 또한 작위를 주어 부유하게 살았으면서 군주가 재난을 당해 피신하는데 죽는 게 무서워 동행을 하지 않는다는 것이 도리에 맞는 말입니까?」

안자가 답하였다.

「신하가 진언을 올릴 때 살펴보고 활용을 했더라면 평생 이러한 곤경을 당하는 일은 없었을 것입니다. 신하가 어찌 같이 죽을 수 있겠습니까? 계책을 올렸을 때 살펴보고 따랐다면 평생 피신을 하는 일은 없었을 텐데 신하가 어찌 동행을 할 수 있겠습니까?

만일 군주가 처한 곤경이 진언을 받아들이지 않아서 생긴 것이라면 신하가 동행하다가 죽음을 당하는 것은 허망한 죽음일 뿐입니다. 신하가 올리는 계책을 따르지 않아서 망한 군주가 도망을 가는데 이에 동행한다는 것은 거짓이고 위선입니다.

충신이라는 것은 군주에게 바른 진언과 계책을 올리는 것이 본분이지 군주가 당한 위험에 같이 빠지는 것이 본분이 아닙니다.」

(제 33권 안자)

—— 出亡(출망): 도망가다.
妄死(망사): 무의미한 죽음, 허망한 죽음

4

거현(擧賢)

1

子曰 :「……汝聞用力爲賢乎? 進賢爲賢乎?」子貢曰 :「進賢賢哉.」子曰 :「然.」(卷十 孔子家語)

공자가 말하였다.

「네가 듣기에 지금 열심히 노력하고 있는 사람이 현명하냐? 아니면 현명한 인재를 천거하는 사람이 현명하냐?」

자공이 말하였다.

「현명한 인재를 찾아 천거하는 것이 현명한 일입니다.」

공자가 말하였다.

「그러하다.」 (제 10권 공자가어)

—— **進賢**(진현): 현명한 인재를 천거하여 들이다.

2

忠臣之擧賢也, 不避仇讎 ; 其廢不肖也, 不阿親近. (卷四十 韓子)

충신은 현자를 천거할 시에는 설사 원수지간이라도 대상에서 제외시키지 않는다. 기준에 미달되는 사람은 내보내고 친지나 가까운 사람이라 하여 편애하고 감싸지 않는다. (제 40권 한자)

—— 阿(아): 한쪽으로 치우치다. 편들다.

제 4권

위정(爲政)

ON THE SUBJECT OF ADMINISTRATION

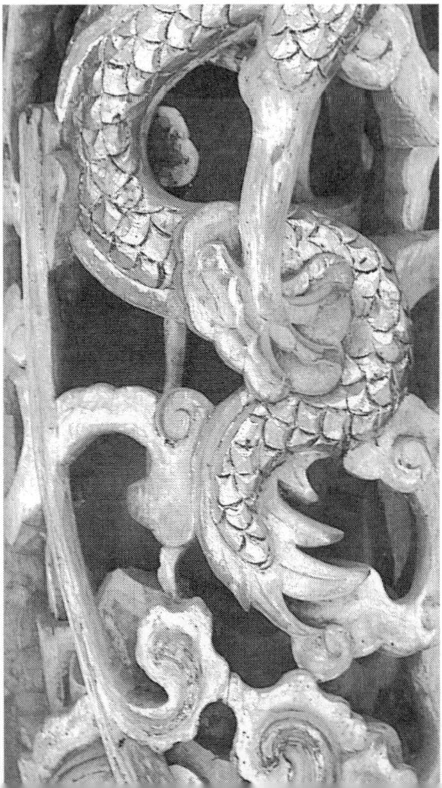

1

정무(政務)

1

孔子曰 :「凡爲天下國家者, 有九經焉, 曰 : 修身也, 尊賢也, 親親也, 敬大臣也, 體群臣也, 子庶人也, 來百工也, 柔遠人也, 懷諸侯也. 修身則道立, 尊賢則不惑, 親親則諸父昆弟不怨, 敬大臣則不眩, 體群臣則士之報禮重, 子庶民則百姓勸, 來百工則財用足, 柔遠人則四方歸之, 懷諸侯則天下畏之.」

公曰 :「爲之奈何?」孔子曰 :「齊莊盛服, 非禮不動, 所以修身也 ; 去讒遠色, 賤貨而貴德, 所以尊賢也 ; 爵其能, 重其祿, 同其好惡, 所以篤親親也 ; 官盛任使, 所以敬大臣也 ; 忠信重祿, 所以勸士也 ; 時使薄斂, 所以子百姓也 ; 日省月考, 旣稟稱事, 所以來百工也 ; 送往迎來, 嘉善而矜不能, 所以綏遠人也 ; 繼絶世, 擧廢邦, 朝聘以時, 厚往而薄來, 所以懷諸侯也. 治天下國家有九經焉, 其所以行之者一也.」(卷十 孔子家語)

공자가 말하였다.

「천하의 국가를 다스리는 데에는 아홉 가지의 중요 강령(구경)이 있습니다.

첫째: 수양을 통해 자기 자신을 바르게 해야 합니다. 덕망 있는 인품을 길러 대외적으로 명리를 좇아 동요하지 않도록 수양하여 도를 정립해야 합니다.

둘째: 현인을 존중해야 합니다. 현인을 존중하면 소인배는 자연 멀어지게 되고 군왕은 간신에게 현혹되어 잘못된 정책을 수립하는 일이 없게 됩니다.

셋째: 가족들을 가까이하고 애정을 보여야 합니다. 아버님의 형제와 군왕의 형제들에게 은덕을 베풀어 혐오하거나 원한의 소리가 나오지 않도록 해야 합니다.

넷째: 대신에게는 공경하고 예를 갖추어야 합니다. 대신과 화합이 잘 되고 있음을 모두가 알게 되고 또한 예로써 정중히 예우함으로써 조정이 어지럽지 않도록 해야 합니다.

다섯째: 신하의 입장에 서서 중신들을 돌보아 주어야 합니다. 군왕의 진심이 중신들에게 전해지면 그들은 힘을 다하여 은혜에 보답하려 하고 선비들은 군왕에 대한 존경의 예를 다함으로써 보답하려 할 것입니다.

여섯째: 모든 서민을 내 자식처럼 사랑해야 합니다. 신분이 낮은 사람도 구별 없이 모두 사랑하면 모든 백성들이 서로 좋은 평판과 선행을 권하여 전하게 될 것입니다.

일곱째: 많은 기술 공인들을 오게 해야 합니다. 각 방면에 많은 기술 공인들을 오게 하면 국가의 재원이 충족하게 될 것 입니다.

여덟째: 먼 곳에 있는 사람들을 잘 대우해 주어 가깝게 해야 합니다. 먼 곳에 있는 민족들을 위안하고 잘 대해 주면 많은 곳에서 은혜를 입은 사람들이 귀순하고 의지하게 될 것입니다.

아홉째: 제후들을 회유해야 합니다. 각 지방의 제후들과 안정되게

관계를 유지하면 천하의 모든 만민이 경외심을 표하고 복종하게 됩니다.」

애공이 물었다.

「그리하려면 어찌하면 되겠습니까?」

공자가 말하였다.

「첫째: 마음을 엄숙하게 의복은 단정하게 하고 예가 아니면 마음조차 움직이지 않도록 철저하게 자기 자신을 수양해야 합니다.

둘째: 위에 아첨하고 다른 사람을 헐뜯기 좋아하는 사람과 여색을 멀리해야 합니다. 또한 재화보다 덕을 귀하게 여겨 현인이 존중받도록 해야 합니다.

셋째: 재능에 근거하여 작위를 수여하고 봉록을 올려주어 각자가 무엇을 좋아하고 싫어하는지를 앎으로써 친목을 돈독하게 할 수 있어야 합니다.

넷째: 대신에게는 고관의 작위를 내려주고 중임을 맡도록 하여 항상 존경과 예로 대해야 합니다.

다섯째: 충성으로 성실하게 일하는 신하에게는 그에 걸맞는 후한 봉록으로 우대하여 선비들이 이를 본받게 해야 합니다.

여섯째: 농한기에 인력동원과 세금징수를 각각 줄여주어 백성을 사랑함을 보여 주어야 합니다.

일곱째: 항상 연구하여 일을 잘하면 잘한 만큼 대가를 지불하여 모두가 만족함으로써 더 많은 기술 공인들이 모이게 해야 합니다.

여덟째: 먼 곳에 있는 여러 민족들이 오갈 때마다 호의로 대하고 그들에게 대단한 일을 해 주는 것처럼 내세우지 않도록 조심하면 먼 곳에 있는 여러 민족들이 군왕을 편안하게 생각할 것입니다.

아홉째: 후손이 단절되고 황폐해진 나라를 일으키고자 입조하였을

때는 그 제후국에 평상시대로의 외교 예절로 대하고 조공을 내려주고 답례는 오히려 후하게 해 주어 모든 제후국들을 편하게 해 주어야 합니다.

이것이 아홉 가지 강령을 실현하는 구체적인 방법들이고 이것이 천하의 국가들을 다스리는 데 중요합니다. 하지만 실행에 있어 무엇보다 중요한 것은 성심을 다하는 것입니다.」 (제 10권 공자가어)

—— **九經**(구경): 치국평천하의 아홉 개 항의 준칙
眩(현): 현혹 · 미혹
篤(독): 돈독히 하다. 두텁게 하다.
旣稟(기름): 고대에 관부에서 발급되는 미곡류의 양식
稱事(칭사): 일에 적합하게 조치하다. 일을 한 만큼 대가를 지불하여 만족을 시킨다는 의미
嘉善(가선): 좋은 사람을 포상하다.
矜(긍): 불쌍히 여기다.
綏(수): 편안, 안무하다.
朝聘(조빙): 고대에 제후가 직접 혹은 신하를 보내어 천자를 조정에서 알현하는 것. 《예기》에서 보면 1년에 한번 작은 만남(小聘), 3년에 한번 큰 만남(大聘), 5년에 한번(一朝)가 있었다.
體(체): (남의 입장이 되어) 생각하다. 동정하다.
同(동): 통하다. 알다.

2

學古入官, 議事以制, 政乃弗迷. (卷二 尙書)

옛 성현들의 말씀을 공부하고 관리가 되면 정해진 제도에 따라 사안들을 의논하여 처리하게 되니 정무를 볼 때 당황하는 일이 없을 것이다.

(제 2권 상서)

3

民惟邦本, 本固邦寧. (卷二 尙書)

만민이 나라의 근본이다. 근본이 튼튼해야 나라가 편안하다.

(제 2권 상서)

4

文武之政, 布在方策. 其人存, 則其政擧 ; 其人亡, 則其政息. 故爲政在於得人. 取人以身, 修身以道, 修道以仁. (卷十 孔子家語)

주나라 문왕과 무왕의 정치 방법은 전적에 기재되어 전해오고 있다. 만일 그러한 사람이 오늘날 존재한다면 그러한 정치가 실현이 가능하지만 그러한 사람이 존재하지 않는다면 그러한 정치는 실현될 수 없다. 고로 위정의 가장 중요한 점은 바로 인재 채용이라고 할 수 있다. 좋은 인재를 얻는 것은 그런 인재를 고를 수 있도록 자신을 수양해야 하고 자신을 수양해야 하는 것은 도를 닦음으로써 가능한 일이며 도를 닦는 것은 인의 덕을 쌓은 자애로운 마음이어야 가능하다.

그러므로 위정. 즉, 정치를 펼침에 있어서 가장 중요한 것은 인이라는 것을 주장하고 있다.

(제 10권 공자가어)

—— **布**(포): 진, 진열

方策(방책): 간책(簡冊), 전적(典籍), 방책(方). 고대에 서화, 문자를 기록한 목판을 방(方)이라하고 대나무, 목편을 책(策)이라고 하였음.

5

昔者成王, 幼在襁褓之中, 召公爲大保, 周公爲太傅, 太公爲太師. 保保其身體, 傅傅之德義, 師導之教訓, 此三公職也. 於是爲置三少, 少保少傅少師, 是與太子宴者也. 故乃孩提有識, 三公三少, 明孝仁禮義, 以導習之, 逐去邪人, 不使見惡行. 於是皆選天下之端士, 孝悌博聞有道術者, 以衛翼之, 使與太子居處出入. 故太子乃生而見正事, 聞正言, 行正道, 左右前後皆正人. ……孔子曰:「少成若天性, 習貫如自然.」(卷十六 漢書四)

옛날 주나라 성왕의 아들 상이 강보에 싸인 아기였을 때였다. 소공을 태보로 임명하고 주공을 태부로 임명하고 태공을 태사로 임명하였다. 보(保)는 태자의 몸을 보호하는 임무이고 부(傅)는 인 · 의 도덕으로 태자를 교도하는 임무이며 사(師)는 성현의 가르침을 통하여 태자를 훈육하는 임무로써 이것이 삼공의 직무였다. 그리고 이보다 작은 것으로 소보 · 소부 · 소사 세 가지를 별도로 설립하였다. 이것은 태자와 같이 편안한 생활을 하도록 하기 위함이었다.

이리하여 삼공과 삼소는 태자가 사물을 이해하기 시작할 유년기부터 효 · 인 · 예 · 의를 가르치고 또한 태자가 학습할 수 있도록 인도하여 주었으며 주변에 나쁜 사람이 있으면 멀리 내보내어 나쁜 행동을 보지 못하도록 하였다. 말하자면 세상에서 가장 단정한 선비와 효심이 깊고 공손한 도덕적인 사람과 견문이 넓고 재주가 많은 사람을 선발하여 태자의 옆에서 도우며 태자와 같이 생활하면서 출입을 하도록 한 것이다. 고로 태자는 생후부터 줄곧 바른 일만 보고 바른 말만 듣고 바른 도만 행하였으며 좌우 전후에 모두 바른 사람만 있게 한 것이다.

공자가 말하기를

「어렸을 때 형성된 성품은 천성과 비슷하여 자연스럽게 습관이 되어져서 결국은 천성과 같게 된다.」라고 하였다. (제 16권 한서 4집)

——— 襁褓(강보): 아기를 감싸는 포대기와 싸개
衛翼(위익): 보좌하다.
傅(부): 교도하다.
三公(삼공): 주나라시절 태사(太師), 태부(太傅), 태보(太保)를 삼공이라하여 가장 높은 직위의 대신을 통칭한 말이다.

6

公問曰 :「敢問人道誰爲大?」孔子對曰 :「夫人道政爲大. 夫政者正也. 君爲正, 則百姓從而正矣.」……公曰 :「敢問爲政如之何?」孔子對曰 :「夫婦別, 父子親, 君臣信. 三者正, 則庶物從之矣.」(卷十 孔子家語)

애공이 물었다.

「사람의 도중에 어떤 것이 가장 큰 도입니까?」

공자가 답하였다.

「무릇 사람의 도중에는 정치가 가장 큰 도입니다.

정치는 바른 것입니다.

군주가 바른 길로 가면 백성이 따라서 바른 길로 갑니다.」

애공이 말하길

「정치가 어떤 것인지 말씀해 주십시오.」

공자가 말하였다.

「부부가 서로 다르니 각각 본분에 충실하고 부자는 자애와 효로써 친애하고 군신은 신의로써 섬기고 보살피면 되는 것입니다.

이 세 가지가 바르게 행하여지면 모든 사람과 만물이 이를 따르게 됩니다. 이것이 정치입니다.」 (제 10권 공자가어)

—— 哀公(애공): 춘추전국시대 노나라 군주의 시호
庶物(서물): 만물, 모든 사물

7

天地爲大矣, 不誠則不能化萬物 ; 聖人爲智矣, 不誠則不能化萬民 ; 父子爲親矣, 不誠則疏 ; 君上爲尊矣, 不誠則卑. 夫誠者, 君子之守, 而政事之本也. (卷三十八 孫卿子)

천지는 위대하다. 하지만 천지가 성심을 다하지 않았다면 만물이 조화를 이루지 못하였을 것이다. 성인은 지혜롭다. 하지만 성심을 다하지 않으면 만민을 감화시키지 못한다. 부자간은 친밀하다. 하지만 성심을 다하지 않으면 소원해진다. 군왕은 존귀한 존재이다. 하지만 성심을 다하지 않으면 비천한 신분으로 전락할 수 있다. 무릇 정성을 쏟는 성심이라는 말은 군자가 지켜야 할 중요한 요소이며 군왕이 정사를 보는 데 있어 없어서는 안 될 가장 중요한 요소이다. (제 38권 손경자)

—— 哀公(애공): 춘추전국시대 노나라 군주의 시호
庶物(서물): 만물, 모든 사물

8

子路曰 :「衛君待子而爲政, 子將奚先?」子曰 :「必也, 正名乎! 名不正, 則言不順 ; 言不順, 則事不成 ; 事不成, 則禮樂不興 ; 禮樂不興, 則刑罰不中 ; 刑罰不中, 則民無所措手足.」(卷九 論語)

자로가 물었다.

「위국 군주가 사부님께 정사를 도와 달라 청한다면 제일 먼저 무엇을 하시겠습니까?」

공자가 말했다.

「필히 명분이 바로 서야 한다! 명분이 사실에 입각한 바른 것이어야 한다는 말이다. 명분이 바르지 못하면 우선 말부터 순리적이지 못하다. 말이 순리적이지 못하면 일이 성사되지 못한다. 일이 성사되지 못하면 예악이 흥성하지 못한다. 예악이 흥하지 못하게 되면 형벌이 형평을 잃게 되고 이리되면 백성들이 몸 붙일 곳을 잃게 된다.」 (제 9권 논어)

—— 子路(자로): 공자의 제자(기원전 542~480년). 춘추 말 노나라 사람. 이름은 중유(仲由). 성격이 직선적이고 용감하였다고 전함.

衛君(위군): 위국의 군주 위국 29대 임금. 이름은 위첩(衛輒), 자는 출(出). 기원전 476~456년 재위. 부친의 정실부인과 불화로 조부인 영공이 손자인 위군을 군주로 임명하였음.

9

夫富民者, 以農桑爲本, 以游業爲末；百工者, 以致用爲本, 以巧飾爲末；商賈者, 以通貨爲本, 以鬻奇爲末. 三者守本離末, 則民富；離本守末, 則民貧；貧則阨而忘善, 富則樂而可教. 教訓者, 以道義爲本, 以巧辨爲末； 辭語者, 以信順爲本, 以詭麗爲末；列士者, 以孝悌爲本, 以交游爲末；孝悌以致養爲本, 以華觀爲末；人臣者, 以忠正爲本, 以媚愛爲末. 五者守本離末, 則仁義興；離本守末, 則道德崩. (卷四十四 潛夫論)

무릇 백성들이 부유해지기 위해서는

1. 농업생산을 근본으로 삼아야 한다. 돌아다니는 불안정한 일로는 돈을 벌기 어렵다.
2. 기술 공인은 실용적인 제품생산을 근본으로 삼아야 한다. 장식품을 위주로 하면 돈을 벌기 어렵다.
3. 상품을 사고파는 상인은 돈이 잘 돌아가는 장사를 근본을 해야지 희소한 상품을 위주로 하면 돈을 벌기 어렵다.

이 세 가지를 지키면 백성들은 부유해질 것이고 중요한 근본을 놓아두고 하찮은 말초적인 일에 집중하면 가난해질 것이다.

가난해지면 재난을 만나고 착한 마음을 잃게 된다. 부유하면 마음이 즐거워지고 즐거워지면 가르침을 받아들이기 쉽다.

1. 가르치고 훈육하는 것은 도의를 근본으로 해야지 그럴듯한 말로 가르치려 해서는 안 된다.
2. 언어를 구사하는 것은 진실하고 사리에 부합해야 한다. 궤변으로 겉만 화려해서는 안 된다.
3. 선비는 부모에게 효도하고 형제간에 우애하는 것을 근본으로 삼아야 한다. 교제를 늘리는 데만 힘을 써서는 안 된다.
4. 효도는 노부모를 봉양하는 것을 근본으로 삼아 치중하고 좋은 곳에 놀러 다니는 것은 조심해야 한다.
5. 신하된 사람은 충성되고 정직한 마음을 근본으로 삼가야 한다. 아부 · 아첨으로 총애를 받으려 해서는 안 된다.

이 다섯 가지를 지키고 하찮은 사소한 일들을 털어내면 인과 의가 흥할 것이고 그 반대면 도와 덕이 무너질 것이다. (제 44권 잠부론)

——— 游業(유업): 돌아다니는 직업, 옛 행상 등
鬻奇(육기): 희귀한 물건을 팔다.

阨(액): 곤경에 처하다. 재앙에 처하다.
信順(신순): 진실 되고 사리에 부흥하는 것
詭麗(궤려): 그럴 듯하게 꾸며서 남을 속이다.
烈士(열사): 고대 상 · 중 · 하급의 선비를 통칭한 말
交游(교유): 친구교체
致養(치양): 노부모를 모시는 일
媚愛(미애): 아부하여 총애를 받는 일
崩(붕): 무너지다.

10

夫仁義禮制者, 治之本也 ; 法令刑罰者, 治之末也. 無本者不立, 無末者不成. 夫禮教之治, 先之以仁義, 示之以敬讓, 使民遷善日用而不知也. (卷五十 袁子正書)

무릇 인 · 의 · 예 · 제는 나라를 다스리는 근본이다.

법령으로 형벌을 가하는 것은 통치행위에 있어 가지자르기와 같은 말초적인 행위에 불과하다. 뿌리가 없으면 서 있지 못하고 가지가 없으면 열매를 맺지 못한다. 무릇 예의규범으로 백성을 교화시킴으로써 나라를 다스리고 윗사람이 인의를 행하는 모범을 보이고 공경과 겸양의 후덕한 덕을 보임으로써 백성들이 부지불식간에 일상생활 속에서 악을 버리고 선을 익히도록 해야 한다. 그럼으로써 뿌리가 강해지고 가지가 무성하면 나라가 흥성해진다는 논리이다. 인 · 의는 뿌리에 해당하고 예 · 제는 가지에 해당한다. (제 50권 원자정서)

敬讓(경양): 공경하고 겸양하다.
遷善(천선): 자신의 잘못된 점을 고쳐 개선하다. 나쁜 것을 버리고 선행을 한다.

11

孔子曰 :「行己有六本焉, 然後爲君子. 立身有義矣, 而孝爲本 ; 喪紀有禮矣, 而哀爲本 ; 戰陣有列矣, 而勇爲本 ; 治政有理矣, 而農爲本 ; 居國有道矣, 而嗣爲本 ; 生財有時矣, 而力爲本. 置本不固, 無務豐末 ; 親戚不悅, 無務外交 ; 事不終始, 無務多業. 反本修迹, 君子之道也.」(卷十 孔子家語)

공자가 말하였다.

「스스로 지켜 행해야 할 여섯 가지 준칙이 있다. 이를 행한 후에라야 비로소 군자라고 할 수 있다.

1. 입신의 중심에는 의가 있다. 효는 입신의 중심이 되는 의의 근본이다.
2. 상을 치르는 기율에는 그에 맞는 상례가 있다. 애통함은 상례의 근본이다.
3. 전선에서 진을 치려면 전열을 갖추어야 한다. 용감한 것은 전열을 갖추는 근본이다.
4. 정치에는 항상 합당한 정치적 논리가 있다. 농업은 정치 논리의 근본이다.
5. 국가가 존재함에는 그 국가가 유지 보존하도록 하는 하늘의 도가 있게 마련이다. 왕위 계승자는 국가에 대한 천도의 근본이다.
6. 재산을 일으키는 것은 기회가 따로 있는 법이다. 기회가 왔을 때 진력을 다하는 것은 재산을 일으키는 것의 근본이다.

근본을 굳건히 하지 않은 채 사소한 말단의 일에 힘을 쏟아서는 안 되고 친척들과 화목하지 못하면서 외부사람들과의 교제에 힘쓸 필요가 없으며 일의 끝맺음을 하지 못하면서 많은 일을 벌일 필요가 없다. 잘못되어 있다면 근본으로 돌아가 그 동안의 잘못된 부분부터 바로 잡는 것이 바로 군자의 바른 도리이다.」 (제 10권 공자가어)

—— **嗣**(사): 군왕의 직위를 이어받는 계승자
反本修迹(반본수적): 근본으로 돌아가 그 동안의 잘못 된 부분을 바로 잡는다.
反本修邇(반본수이)로 쓰여 진 것도 있다.

12

諸葛亮之爲相國也, 撫百姓, 示義軌, 約官職, 從權制, 開誠心, 布公道. 盡忠益時者, 雖讎必賞；犯法怠慢者, 雖親必罰；服罪輸情者, 雖重必釋；遊辭巧飾者, 雖輕必戮. 善無微而不賞, 惡無纖而不貶. 庶事精練, 物理其本, 循名責實, 虛僞不齒. 終於邦域之內, 咸畏而愛之. 刑政雖峻, 而無怨者, 以其用心平, 而勸戒明也. 可謂識治之良才, 管蕭之亞匹矣. (卷二十七 蜀志)

제갈량이 재상의 자리에 있을 때 그는 성심으로 바른 정치를 펼쳤다. 그 정책을 살펴보면

— 백성들을 편안하게 하였다.

— 예의 규범을 명시하였다.

— 관직을 줄여 단순화하였다.

— 임시로 필요한 제도를 만들어 때를 맞추어 조치하였다.

— 문호를 개방하고 진실한 마음으로 사람을 대하였다.

— 일의 처리에 있어 공정을 기하고 일체의 사욕을 배제하였다.

충심으로 일하여 나라에 도움이 되는 사람에게는 비록 원한이 있더라

도 상을 내렸으며 법을 어기고 태만한 자는 비록 친한 관계라고 하더라도 필히 벌하였다. 죄를 승복하고 숨김없이 모든 죄를 밝히는 자는 비록 죄가 무겁다 하더라도 석방하였으며 교묘한 말로 죄를 감추려는 자는 비록 죄가 가볍다 하더라도 엄한 판결을 내렸다. 선행은 작은 일이라고 하여도 표창을 하였으며 악행은 작은 것이라고 하더라도 벌을 내렸다. 서민들과 관련된 일들은 정밀하게 관찰하고 그 이치를 따져 근본에 충실을 기하였다. 명실상부를 따져 정확한 행정 처리를 하였고 허위로 작성된 사실이 있으면 통과시키지 않았다.

마지막 촉나라 때의 국경에 이르기까지 많은 사람들이 그를 아끼고 존경하였다. 비록 형벌이 엄하고 용서하는 일이 없었지만 사람들은 털끝만큼도 그를 원망하지 않았다. 그의 처사가 공평하고 그가 하지 말라고 권하는 것은 그 이유가 명확했기 때문이다. 그는 탁월한 식견으로 나라를 잘 다스린 훌륭한 인재이다. 가히 그를 일컬어 제나라의 명재상 관중과 한나라의 명재상인 소하에 필적하는 명재상이라 할 수 있다.

(제 27권 촉지)

—— **相國**(상국): 고대의 관직이름. 후에는 재상으로 명칭이 바뀌었다.

約(약): 축소, 적은 수

權制(권제): 임시로 제정된 조치

讎(수): 원수

循名責實(순명책실): 명실상부를 따져 정확한 행정처리를 함.

不齒(불치): 틀리면 수록하지 않는다. 서류결재를 하지 않는다.

亞匹(아필): 버금가는 인물, 필적할 만한 인물

管蕭(관소): 제나라의 관중(管仲)과 한나라의 소하(蕭何). 고대의 명재상으로 유명하다.

13

水泉深, 則魚鱉歸之 ; 樹木盛, 則飛鳥歸之 ; 庶草茂, 則禽獸歸之 ; 人主賢, 則豪桀歸之. 故聖王不務歸之者, 而務其所歸. (卷三十九 呂氏春秋)

연못에 물이 깊으면 물고기와 자라가 돌아오고
숲속에 나무가 무성하면 새들이 돌아오고
숲에 풀이 무성하면 짐승들이 돌아온다.
군주가 현명하고 너그러우면 호걸들이 돌아온다.
그리하여 성왕들은 인재를 데려오는 데에 힘쓰지 않고 인재를 오도록 하는 데에 힘을 기울였다. (제 39권 여씨춘추)

—— 庶(서): 수가 많다.

14

夫爲政者, 莫善於淸其吏也. (卷四十七 劉廙政論)

정치하는 데에는 청렴한 관리만큼 좋은 것은 없다. (제 47권 류익정론)

15

子貢問政. 子曰 :「足食, 足兵, 民信之矣.」子貢曰 :「必不得已而去, 於斯三者何先?」曰 :「去兵.」曰 :「必不得已而去, 於斯二者何先?」曰 :「去食. 自古皆有死, 民不信不立.」(卷九 論語)

자공이 공자에게 정사를 어찌 보는지 물었다.

공자가 말하였다.

「식량을 충분히 구비하고 군대를 충분히 대비하며 백성의 신임을 얻는 것이다.」

자공이 말하였다.

「부득이 어떤 것을 빼야 한다면 이중 어느 것을 빼겠습니까?」

공자가 말하였다.

「군대를 빼겠다.」

자공이 말하였다.

「두 번째로 뺀다면 어느 것을 빼겠습니까?」

공자가 말하였다.

「식량을 빼겠다. 자고이래로 모든 사람은 죽게 되어 있다. 그러나 국가는 다르다. 백성의 신임이 있는 한 망하지 않는다. 백성이 신임하지 않으면 존립할 수 없다. 바로 망하게 된다.」 (제 9권 논어)

—— **子貢**(자공): 공자의 제자(기원전 520~?년). 춘추시대 위나라 사람

必(필): 만약

2

인선(人選)

1

凡論人, 通則觀其所禮, 貴則觀其所進, 富則觀其所養, 聽則觀其所行, 近則觀其所好, 習則觀其所言, 窮則觀其所不受, 賤則觀其所不爲. 喜之以驗其守, 樂之以驗其僻, 怒之以驗其節, 懼之以驗其特, 哀之以驗其仁, 苦之以驗其志. 八觀六驗, 此賢主之所以論人也. 論人必以六戚四隱. 何謂六戚? 父母兄弟妻子. 何謂四隱? 交友故舊邑里門廊. 內則用六戚四隱, 外則以八觀六驗, 人之情僞, 貪鄙羡美(羡美作美惡), 無所失矣, 此先聖王之所以知人也. (卷三十九 呂氏春秋)

옛날 성왕들이 인재를 선발할 때 활용했던 인재 검증 방법을 논해 보기로 하자.

1. 이치에 밝고 두루 달통한 사람이라고 하는 경우에는 먼저 예를 관찰한다.
2. 인품이 고귀하다고 추천한 경우 어떤 사람들이 추천했는지 경위를 관찰한다.
3. 돈이 많은 사람인 경우에는 그가 어떤 사람을 돕고 지원했는가를 관찰한다.

4. 서신을 받았거나 말로 들어서 알았을 경우 언행이 일치하는가를 관찰한다.
5. 집에서 가까운 주변사람들이 그를 의리 있는 사람으로 좋아하는지를 관찰한다.
6. 선비인 경우 말이 도의에 부합하는가를 관찰한다.
7. 살림이 어려운 경우 그가 명분이 없는 재물을 받은 적이 있는지 관찰한다.
8. 비천한 신분이면 신의에 어긋나는 행위를 한 적이 없는가를 관찰한다.

이상이 여덟 가지 관찰이다.

1. 기쁠 때 평소의 품성과 정서를 유지하는지를 검증한다.
2. 즐길 때 나쁜 쪽으로 도를 넘지 않는지를 검증한다.
3. 화를 낼 때 본성을 지켜 절제하는지를 검증한다.
4. 두려울 때 홀로 자신을 이겨내고 지조를 지킬 수 있는지를 검증한다.
5. 비통한 상황에서 인의 덕을 베푸는지를 검증한다.
6. 고통스런 상황에서 자신의 의지를 견지하는지를 검증한다.

이상이 여섯 가지 검증이다.

위의 여덟 가지 관찰과 여섯 가지 검증이 과거 인재를 평가하는 방법이며 기준이었다. 이외에 다시 육척과 사은을 조사하여 인재 평가 기준에 추가하였다. 육척은 부 · 모 · 형 · 제 · 처 · 자의 여섯 친척이다. 이들의 현황과 관계들을 조사하여 평가에 참조하였다. 사은은 친구, 당사자를 잘 아는 사람, 고향의 이웃주민, 측근자. 이 네 부류의 사람을 만나 조사하여 이 또한 평가에 참조하였다. 이리하여 내적으로 육척사은을 활용하고 외적으로는 팔관육험을 활용하여 인재들의 진실과 허위, 탐욕과 비천함, 선과 악 등을 남김없이 조사하여 점수를 매겼다. 이것이 과거 성왕들이 좋은 인재를 식별하기 위해 사용하던 인재채용 방식이다.

(제 39권 여씨춘추)

—— **通**(통): 통달
特(특): 혼자, 독(獨)의 의미
邑里(읍리): 고향, 동향사람
問廊(문랑): 좌우측근의 사람들
情僞(정위): 진실과 허위, 사실정황과 허위
羨美(선미): 선과 악의 의미로 사용

2

景公問求賢. 晏子對曰 :「通則視其所擧, 窮則視其所不爲, 富則視其所分, 貧則視其所不取. 夫上難進而易退也, 其次易進而易退也, 其下易進而難退也. 以此數物者取人, 其可乎!」(卷三十三 晏子)

제나라의 경공이 현명한 인재를 구하는 방법을 물었다.

안자가 대답했다.

「두루 통달한 사람일 경우에는 그를 추천한 사람이 누구인가를 살펴보고 아주 곤궁에 처한 사람의 경우에는 어쩔 수 없이 해서는 안 될 일을 한 것은 없는지 살펴보고 돈이 많은 사람인 경우에는 돈을 쓰는 것에 분별이 있는지를 살펴보고 가난한 사람일 경우에는 의롭지 못한 물건을 취득한 것은 없는지 살펴보아야 합니다.

무릇 훌륭한 좋은 인재는 뽑기도 어렵지만 쉽게 나가고, 일부는 쉽게 들어오고 쉽게 나가며, 가장 낮은 수준의 인재는 뽑는 것은 쉬운데 내보내기가 어렵습니다.

이러한 몇 가지의 방법으로 인재를 심사하여 선발하게 됩니다. 그런대로 괜찮은 방법입니다!」 (제 33권 안자)

—— **景公**(경공): 제나라 임금(B.C. 547~490년 재위). 춘추전국시대. 晏子(안자)는 그의 대신하
數物(수물): 몇 가지의 일, 몇 가지의 사물, 방법

3

一曰, 微察(無微察二字)問之以言, 觀其辭. 二曰, 窮之以辭, 以觀其變. 三曰, 與之間諜, 以觀其誠. 四曰, 明白顯問, 以觀其德. 五曰, 使之以財, 以觀其貪(貪作廉)；六曰, 試之以色, 以觀其貞；七曰, 告之以難, 觀其勇；八曰, 醉之以酒, 以觀其態. 八徵皆備, 則賢不肖別矣. (卷三十一 六韜)

1. 질문을 하여 그 언사의 조리가 분명한지 살펴본다.
2. 곤란한 질문을 하여 그의 임기응변능력을 관찰한다.
3. 본인 모르게 사람을 보내 그 사람의 성실성을 관찰한다.
4. 명백하게 문답을 통해서 숨기거나 또는 과장하여 말하는 것은 없는지 그 사람의 인품과 덕을 관찰한다.
5. 돈을 주고 써보도록 하여 청렴한지를 관찰한다.
6. 여자를 투입하여 시험해 보아서 절조 능력이 있는지를 관찰한다.
7. 위험한 상황을 말하여 용감성 여부를 관찰한다.
8. 술을 마시도록 하여 술 취한 후의 행태를 관찰한다.

이 여덟 가지면 그 사람이 현명한지 아닌지를 충분히 판별할 수 있다.

(제 331 육도)

—— **顯問**(현문): 많이 알려진 일을 일부러 질문하다.

4

故聽言不如觀事, 觀事不如觀行. 聽言必審其本, 觀事必挍其實, 觀行必考其跡. 參三者而詳之, 近少失矣. (卷四十九 傅子)

고로 말을 듣는 것은 직접 그 사정을 관찰하는 것만 못하고 사정을 관찰하는 것은 행동을 직접 관찰하는 것만 못하다. 말을 들으면 일이 발생한 동기와 근본 사정을 알 수 있고 사정을 관찰하면 필히 그 실제 행실을 알 수 있으며 행실을 관찰하면 필히 그 행적을 알게 된다.

이 세 가지를 상세히 분석한다면 그 오차가 근소할 것이다.

(제 49권 부자)

—— 挍(교): 통하다. 알다. 통상 校로 사용

5

昔人知居上取士之難, 故虛心而下聽 ; 知在下相接之易, 故因人以致人. (卷四十九 傅子)

옛날 사람은 윗자리에 있으면 인재를 구하기가 어렵다는 것을 알고 있다. 고로 마음을 비우고 아랫사람의 의견을 듣는다. 아랫자리에 있는 사람이 서로 접촉하기 쉽다는 것을 알기 때문이다. 그리하여 하급직 사람들에게 의탁하여 인재를 불러 모으는 일을 하게 하였다. (제 49권 부자)

—— 相接(상접): 교접하다. 서로 교류하다.
因(인): 의탁하다. 의지하다.
致人(치인): 인재를 초치하다. 인재를 불러 모으다.

6

任己則有不識之蔽, 聽受則有彼此之偏. 所知者, 以愛憎奪其平 ; 所不知者, 以人事亂其度. (卷三十 晉書下)

인재 선발을 되는 대로 평가하라고 그냥 내버려 두면 인재들이 숨기고 있는 점을 알아내기가 어렵고 외부로부터 정보를 받게 되면 아는 점이 많고 적음에 따라 편차가 생길 것이다. 인재에 대한 인식도가 높은 경우에는 인상을 좋게 갖느냐 나쁘게 갖느냐에 따라 달라지게 되어 객관성을 확보하기가 어렵고 인재에 대한 인식도가 낮은 경우에는 지원하게 된 경로에 따른 인간관계의 인정에 따라 좌우될 수 있어 정확히 살피기가 어렵다. 이 경우에는 기존 인사제도의 폐단을 그대로 답습하게 되어 있다. (제 30권 진서 하편)

—— 任(임): 되는대로 맡겨두다. 마음대로 하게 하다(=聽任).
平(평): 공평성, 공정성
奪(탈): 잃다. 잃게 하다.
度(도): 헤아려 살피다. 측정, 정확성

7

子曰 :「君子易事而難悅也. 悅之不以道, 不悅也. 及其使人也, 器之. 小人難事而易悅也. 悅之雖不以道, 悅也. 及其使人也, 求備焉.」(卷九 論語)

공자가 말하였다.

「군자는 일은 쉽게 생각하면서 즐거워하는 것은 어려운 일로 생각한다. 즐거워하는 것은 도에 어긋난다고 생각하여 즐거워하지를 못한다.

따라서 군자에게 일을 줄 때에는 그 재능과 특성에 맞는 곳에 안배해야 한다. 소인은 일을 어렵게 생각하지만 쉽게 즐거워한다. 즐거워하는 것이 비록 도에 맞지 않더라도 소인은 쉽게 즐거워한다. 군자는 군자에 맞게 하고 소인은 소인에 맞게 하면 각각의 요구에 맞추어 안배가 이루어진다.」 (제 9권 논어)

—— 器(기): 재능에 따라 사용하다.
求備(구비): 요구에 맞추다. 완비되다.

8

子曰:「鄙夫可與事君也哉? 其未得之也, 患得之. 旣得之, 患失之. 苟患失之, 無所不至矣.」(卷九 論語)

공자가 말하기를

「비천한 촌부에게 군주를 보좌하게끔 할 수 있겠는가? 아마도 그는 그 자리를 얻기 전까지는 얻게 될 것인가를 걱정할 것이다. 이미 얻고 나면 또한 잃을 것을 걱정할 것이다. 그가 자리를 잃게 될 지도 모른다는 구차한 걱정을 하게 되면 그 해가 미치지 않는 곳이 없을 것이다.」라고 하였다. 바람직하지 않은 인사는 처음부터 하지 말아야 한다는 말로 신중을 기할 것을 당부하는 말이다. (제 9권 논어)

—— 鄙夫(비부): 식견이 없는 무식한 사람
苟患(구환): 심하게 걱정하는 것

9

子曰 :「君子之事親孝, 故忠可移於君 ; 事兄悌, 故順可移於長 ; 居家理, 故治可移於官. 是以行成於內, 而名立於後世矣.」(卷九 孝經)

공자가 말하였다.

「군자는 효를 다해서 부모를 섬긴다. 그리하여 부모를 향한 효심의 지극함은 군주에 대한 충성으로 전이된다. 군자는 형을 공경하고 따른다. 그리하여 이 마음은 신하로서 관장을 보좌할 때 순종으로 전이 된다. 군자는 가정에서 이치에 맞게 생활한다. 그리하여 이 경험은 정무를 관리하는 재능으로 이어진다. 이리하여 가정에서 양성된 효제의 품행은 밖으로는 공무 수행으로 이어져 공업을 쌓게 되고 명성을 높이게 된다. 효제의 집안에서는 이러한 품행이 자손으로 이어져 그 명성이 후세에 길이 전하게 된다.」 (제 9권 효경)

—— **居家理**(거가리): 집안일을 하다 보면 이치를 알게 된다.

10

孔子曰 :「事親孝, 故忠可移於君.」是以求忠臣, 必於孝子之門. (卷二十二 後漢書二)

공자가 말하였다.

「효심을 다하여 부모를 모신다. 이 효심은 충성심이 되어 군주를 섬기게 된다.」이러한 이유로 충신을 구함에 있어서는 필히 효자의 집안에서 인재를 구하였다. (제 22권 후한서 2집)

3

임용(任用)

1

哀公問曰 :「何爲則民服?」孔子對曰 :「擧直錯諸枉, 則民服 ; 擧枉錯諸直, 則民不服.」(卷九 論語)

애공이 물었다.

「어찌해야 백성들이 믿고 따르게 할 수 있겠습니까?」

공자가 말했다.

「구제불능의 사악한 인사들을 내보내고 공평 정직한 사람을 임용하면 백성들은 복종하게 됩니다. 그러나 정직한 사람을 내보내고 구제불능의 사악한 사람을 앉혀 놓는다면 백성들은 믿고 따르지 않을 것입니다.」 (제 9권 논어)

—— 服(복): 믿고 따르다.
直(직): 공평정직
枉(왕): 인격이 비틀어져서 정직하지 못한 사람

2

天下樞要, 在於尙書, 尙書之選, 豈可不重? 而間者多從郎官, 超升此位, 雖曉習文法, 長於應對, 然察察小惠, 類無

大能. 宜簡嘗歷州宰素有名者, 雖進退舒遲, 時有不逮, 然端心向公, 奉職周密. (卷二十二 後漢書二)

천하의 가장 중요한 직급이 상서이니 상서를 선발하는 것이 어찌 중요하다 하지 않을 수 있겠는가? 그러나 대부분 상서가 랑관에서 직접 진급하였다. 그들은 문서와 법규에는 정통하여 일처리는 잘하지만 대부분이 눈치나 살피니 작은 일에는 적합하지만 큰일을 집행하기에는 역부족인 사람들이다. 그리하여 어느 정도 일의 경험이 있는 지방 관리 중 이전부터 명성이 있는 사람을 선발하여 임직하도록 하였다. 그들은 일하는 속도가 느리고 때로는 기존의 사람보다 못하기도 하나 국가를 향한 일편단심이 투철하여 일에 있어서는 세심한 주의를 기울인다.

(제 22권 후한서 2집)

—— 樞要(추요): 중앙정부에서 가장 중요한 부서 또는 요직
尙書(상서): 현재의 장관
郎官(랑관): 현재의 차관
通曉(통효): 정통하다.
察察(찰찰): 조심스러워 눈치를 살피는 모양
小惠(소혜): 작은 총명, 잘잘한 일에 총명하다.
遲(지): 더디다. 늦다.
不逮(불태): ~에 못 미치다.

3

以言取人, 人飾其言 ; 以行取人, 人竭其行. 飾言無庸, 竭行有成. (卷八 周書)

말하는 것을 보고 사람을 뽑으면 여러 미사여구로 말을 포장하게 되고 행위를 보고 사람을 뽑게 되면 사람들은 전력을 다하여 선행과 덕행으로 자신을 수양할 것이다. 듣기 좋게 포장한 말은 아무 곳에도 쓸모

가 없지만 전력을 기울여 수양한 바른 행위는 필히 그 결과가 있을 것이다. (제 8권 주서)

—— 無庸(무용): 쓸모없다.

4

故明王之任人, 諂諛不邇乎左右, 阿黨不治乎本朝；任人之長, 不强其短；任人之工, 不强其拙. 此任人之大略也. (卷三十三 晏子)

그리하여 현명한 제왕의 인재 임용 방법은 듣기 좋은 말로 아부하는 사람을 좌우 곁에 두지 않고 또한 패거리로 당을 만들어 사적인 욕심을 키우는 사람은 조각에서 제외하여 정사에 참여하지 못하게 하였다. 인재를 임용함에 있어 인재의 장점을 중시하고 그의 단점을 강조하지 않았으며, 인재의 전문성을 중시하고 그의 약점을 강조하지 않았다. 이것이 현명한 제왕의 인재 임용의 대전략이다. (제 33권 안자)

—— 邇(이): 가까이에, 신변에
阿黨(아당): 권세에 영합하여 법을 왜곡하고 아랫사람을 포섭하여 사리를 위한 당을 결성하는 것
工(공): 정교한

5

故選不可以不精, 任之不可以不信, 進不可以不禮, 退之不可以權辱. (卷四十八 典語)

인재를 선발할 때에는 세심한 주의를 기울여 정확성을 기하지 않으면 안 되고 임용을 한 뒤에는 필히 그들을 신임해야 한다. 직위를 부여한

뒤에는 필히 그들을 예로 대우해야 하며 사직을 한 뒤에는 그들에게 치욕을 남기게 해서는 안 된다. (제 48권 전어)

6

故知淸而不知所以重其祿者, 則欺而濁 ; 知重其祿, 而不知所以少其吏者, 則竭而不足 ; 知少其吏, 而不知所以盡其力者, 則事繁而職闕. (卷四十七 劉廙政論)

군주가 청렴에만 신경을 쓰느라 봉록 올려주는 것을 알지 못하면 관원들은 사취하거나 부패하여 혼탁해진다. 군주가 봉록 올려주는 것은 알았지만 관원 숫자가 줄어드는 것을 알지 못하면 진력을 다해도 힘이 부족하다. 군주가 관원이 감소하는 것은 알았지만 능력 발휘하도록 하는 방법을 알지 못하면 일은 번잡하게 되고 직위마다 문제점이 속출하게 될 것이다. (제 47권 유익정론)

7

夫除無事之位, 損不急之祿, 止浮食之費, 幷從容之官. 使官必有職, 職任其事, 事必受祿, 祿代其耕, 乃往古之常式, 當今之所宜也. (卷二十五 魏志上)

자리만 있고 일이 없으면 그 자리를 없애고 불요불급한 급여 지출은 줄이도록 하고 초과 지출되는 식비는 줄이고 일이 많지 않은 부서는 통폐합시킨다. 관리에게는 필히 직위를 주어야 하고 직위에 맞는 일이 있어야 하며 일을 시키면 마땅히 봉록을 지불해야 한다. 봉록 대신 논밭을 경작해 줄 수도 있으니 고대에 사용하던 방식이지만 오늘날에 사용해

도 괜찮을 것 같다. (제 25권 위지 상편)

—— 浮食(부식): 실제로 만들어지지 않는 음식
常式(상식): 법식, 일반적인 규칙

8

故德厚而位卑者, 謂之過 ; 德薄而位尊者, 謂之失. 寧過於君子, 而無失於小人. 過於君子, 其爲怨淺矣 ; 失於小人, 其爲禍深矣. (卷三十二 管子)

덕이 후한 사람이 낮은 신분으로 비천한 생활을 하는 것은 군주의 과오라고 말할 수 있다. 덕이 없는 사람이 높은 자리에서 존귀하게 생활하는 것은 군주의 실책이라고 말할 수 있다. 차라리 군자가 잘못한 과오라면 소인들에게는 실책의 책임이 없다. 과오가 군자에게 있다면 그 원망 또한 깊지 않을 것이다. 그러나 실책이 소인에게 있다면 그로 인하여 야기되는 화는 아주 심각할 것이다. (제 32권 관자)

9

使賢者爲之, 則與不肖者規之 ; 使智者慮之, 則與愚者論之 ; 使修士行之, 則與奸邪之人疑之. 雖欲成功, 得乎哉! (卷三十八 孫卿子)

현명하고 능력 있는 사람에게 정사를 맡기려 하면 꼭 가장 못난 사람들이 반대하며 그를 규제하려 하고 지혜로운 사람에게 정사를 기획하게끔 하면 꼭 가장 무식하고 우매한 사람이 나서서 평을 하고 논쟁을 벌이며 품성이 좋은 덕망 있는 사람에게 정부 시책을 시행하도록 하면 꼭 가장 교활하고 사악한 사람이 이를 의심하고 뒤에서 말이 많다. 이루고자 하는 마음이 간절한데 쉽지 않도다! (제 38권 손경자)

4

공정(公正)

1

大道之行也, 天下爲公. 選賢與能. 故人不獨親其親, 不獨子其子, 使老有所終, 幼有所長, 鰥寡孤獨廢疾者, 皆有所養. 是故謀閉而不興, 盜竊亂賊而不作. 是謂大同. (卷七 禮記)

대도를 실현하니 천하의 모든 사람에게 그 덕이 돌아간다. 현명하고 덕망이 있는 사람을 찾아 그 일을 맡기니 그가 하는 일에 거침이 없다. 그리하여 모든 사람이 내 부모에게만 효도하지 아니하고 다른 부모에게도 효를 다하며 내 자식만 사랑하지 아니하고 다른 자식도 사랑하며 노인들이 죽을 때까지 편안히 생활하게 하고 어린 아이들이 잘 자랄 수 있도록 하며 오갈 데 없는 외로운 사람들을 먹이고 보살펴 줄 곳을 마련하였다. 이리하여 모든 사회에 협잡꾼 같은 사람이 없어지고 도둑이나 난적들이 사라지게 되었다. 이러한 사회를 대동사회라고 한다. 현대의 용어로 말한다면 공공복지사회라고 할 수 있겠다. (제 7권 예기)

—— 獨(독): 오로지 ~만
鰥寡孤獨(환과고독): 의지할 곳이 없는 사람들
廢疾(폐질): 불구자
竊(절): 훔치다. (=窃)

2

天下者非一人之天下, 天下之天下也. 與天下同利者, 則得天下 ; 擅天下之利者, 失天下. (卷三十一 六韜)

천하는 어떤 한 사람의 천하가 아니다. 천하 모든 사람의 천하인 것이다. 그러므로 천하는 모든 사람에게 이득이 될 수 있어야만 천하를 얻을 수 있다. 천하의 이익을 독점하려는 사람은 천하를 잃고 만다.

(제 31권 육도)

—— **擅**(천): 독점하다. 전용하다.

3

夫能通天下之志者, 莫大乎至公. 能行至公者, 莫要乎無忌心. (卷四十九 傅子)

무릇 당신이 천하의 진정한 뜻을 알 수 있으려면 알아야 할 가장 중요한 것은 바로 공공무사이다. 또한 공공무사를 시행할 수 있으려면 가장 먼저 해야 할 중요한 것은 바로 시기심을 없애는 일이다. 항상 천하 만민들의 공공이익을 생각하는 것이 중요하다. (제 49권 부자)

4

故君人者, 愛民而安, 好士而榮, 兩者無一焉而亡也. 明分職, 序事業, 拔材官能, 莫不治理, 則公道達而私門塞矣, 公義明而私事息矣. 如是, 則德厚者進, 而佞悅者止 ; 貪利者退, 而廉節者起. (卷三十八 孫卿子)

고로 군주가 만민을 사랑하면 나라가 안정되고 현명한 인재를 가까이하면 나라가 번영한다. 이 두 가지 중 한 가지도 못한다면 나라는 망할 것이다. 정부의 각 부문의 일을 명확히 하고 사업을 순차적으로 안배하며 우수한 인재를 선발하여 직능에 맞도록 배치하고 모든 것을 도리와 이치에 맞게 운영하되 공공의 도를 강조하고 사적인 거래를 엄금한다. 그리하여 공적 정의를 확립하고 사리사욕을 잠재우도록 한다.

이렇게 하면 후덕한 인재들이 들어오고 아첨하는 무리들이 들어오지 못하게 된다. 이익을 탐하는 자는 물러나게 되고 청렴하고 절개 있는 인재들이 일어나게 될 것이다. (제 38권 손경자)

—— 明分職(명분직): 각 부문의 직무를 명확히 하다.

5

臣聞堯受命, 以天下爲憂, 而未聞以位爲樂也. (卷十七 漢書五)

신(동중서)이 듣기로는 요황제께서 천하를 걱정하심에 하늘로부터 스스로를 천자로 명을 받았다고 들었습니다. 저는 요황제가 단지 그 자리에 앉게 되어서 기뻐했다는 말을 들어 본 적이 없습니다.

(제 17권 한서 5집)

—— 董仲舒(동중서): 한나라 유가종법사상의 중심인물(기원전 179~104년)

6

賈曰 :「天下安, 注意相 ; 天下危, 注意將. 將相和, 則士豫附 ; 士豫附, 天下雖有變, 則權不分.」(卷十六 漢書四)

육가가 말하였다.

「천하가 안정 시에는 행정의 수반인 승상을 주의해 살펴보고, 천하가 위급할 시에는 군의 장군들에게 주의를 기울여야 한다. 군 장성과 승상이 화목하면 현인들이 스스로 돌아온다. 현인들이 돌아오면 천하는 변하지만 왕권은 분산되지 않는다.」

(제 16권 한서 4집)

—— **陸賈**(육가): 한나라 초기 정치평론가. 원래 초나라 사람. 한고조가 통일한 후 유학을 통한 국가통치를 강조함.
豫附(예부): 기쁜 마음으로 귀순하다.

7

顧吾念之, 强秦之所以不敢加兵於趙者, 徒以吾兩人在也. 今兩虎鬥, 其勢不俱生. 吾所以爲此, 先公家之急 , 而後私讎也. (卷十二 史記下)

다만 내(린상여)가 생각하기에는 진나라가 워낙 강해서 조나라에 파병할 수는 없고 해서 이렇게 가까스로 장군과 자리를 같이하게 되었습니다. 지금 우리 두 사람이 맞부딪치게 되면 어차피 두 세력이 공존한다는 것은 불가능합니다. 우리는 국가가 당면한 지금의 이러한 공적인 위급 상황을 타개하는 것을 먼저 하고 우리의 사적인 원한은 뒤로 미루도록 합시다. (제 12권 사기 하편)

—— **藺相如**(린상여): 춘추전국시대 조나라 대신
顧(고): 단지, 다만
加兵(가병): 전쟁을 일으키다.
徒(도): 겨우, 간신히, 가까스로
以(이): 그런 이유로, 그래서

5

교육(教育)

1

子曰:「性相近也, 習相遠也.」(卷九 論語)

공자가 말하였다.

「사람들의 본성은 본래 태어날 때는 순수하고 착해서 별 차이가 없다. 그러나 습관은 후천적인 것이어서 환경에 따라 달라지며 시간이 갈수록 그 차이는 점점 더 멀어져간다.」 (제 9권 논어)

—— 性(성): 본성
習(습): 관성적 행위, 습관

2

先王知人有好善尙德之性, 而又貪榮而重利, 故貴其所尙, 而抑其所貪. 貴其所尙, 故禮讓興 ; 抑其所貪, 故廉恥存. (卷四十九 傅子)

선왕의 지인 중에 착한 사람을 좋아하고 덕성을 소중하게 생각하는 사람과 영화를 탐하고 이익을 중시하는 사람이 있었다. 그리하여 한 사람은 소중히 여기는 것들을 계속하도록 존중해 주었고 다른 한 사람은 그 탐하는 마음을 억제하도록 하였다. 그 결과 선과 덕을 귀하게 여기는 쪽은 예가 전보다 좋아지고 욕심을 억제한 쪽은 염치가 생기게 되었다.

(제 49권 부자)

—— 尙(상): 중요시하다.

3

治民之道, 務篤於教也. (卷四十二 鹽鐵論)

백성을 잘 다스리는 가장 좋은 방법은 온 힘을 다하여 오직 한 마음으로 백성을 교육시키는 것이다. (제 42권 염철론)

4

上爲下效, 然後謂之教. (卷四十五 崔寔政論)

윗사람이 품행을 바로하면 아랫사람이 이것을 본받아 행한다. 이렇게 되면 이것이 바로 교육이라 말할 수 있다. (제 45권 최식정론)

5

子曰:「弟子入則孝, 出則悌, 謹而信, 汎愛衆, 而親仁. 行有餘力則以學文.」(卷九 論語)

공자가 말하였다.

「나의 제자라고 한다면 집에 들어가서는 부모에게 효도하고 밖에 나가서는 윗사람을 공경하고 일을 할 때는 신중을 기하고 언행이 서로 일치하도록 조심하여 사람들로부터 믿음을 잃지 않도록 해야 한다. 또한 모든 사람을 차별 없이 대하고 인의 덕을 갖춘 사람을 가까이한다. 이리 하고도 여력이 생기면 그때 학문을 하도록 하여라.」 (제 9권 논어)

6

先王見教之可以化民也, 是故先之以博愛, 而民莫遺其親 ; 陳之以德義, 而民興行 ; 先之以敬讓, 而民不爭 ; 道之以禮樂, 而民和睦 ; 示之以好惡, 而民知禁. (卷九 孝經)

옛 선왕들을 보면 알 수 있듯이 교육은 만민을 교화시킬 수 있는 가장 좋은 방법이다. 그리하여 먼저 만민을 두루 사랑하는 것부터 가르치니 만민이 부모를 버리는 일이 없어졌다. 의와 덕을 만민에게 보이고 가르치니 만민이 모두 이를 본받아 실행한다. 윗사람부터 솔선하여 공경하고 양보하는 모범을 보이니 만민이 다투는 일 없이 따르고 본받는다. 도의 가르침이 예의와 음악으로 구현되어 이것이 다시 만민을 화목하게 해 준다. 좋은 것과 나쁜 것을 명확하게 보여줌으로 해서 만민이 해서 되는 것과 해서는 안 될 것을 구분할 줄 알게 된다. (제 9권 효경)

7

子曰 :「教民親愛, 莫善於孝. 教民禮順, 莫善於悌. 移風易俗, 莫善於樂. 安上治民, 莫善於禮. 禮者, 敬而已矣. 故敬其父則子悅 ; 敬其兄則弟悅 ; 敬其君則臣悅 ; 敬一人而千萬人悅. 所敬者寡, 悅者衆, 此之謂要道也.」 (卷九 孝經)

공자가 말하였다.

「백성을 교도하여 부모를 사랑하도록 하는 데에는 효도보다 더 좋은 것은 없다. 백성들을 교도하여 예의를 지키고 순종하게 하는 데에는 윗사람을 공경하는 것보다 더 좋은 것은 없다. 사회의 풍기를 바르게 하여 습속을 개선시키는 데에는 건전한 음악보다 더 좋은 것이 없다. 백성을 다스리는 것을 확고히 자리 잡도록 해주는 데에는 예보다 더 좋은 것이 없다. 예라는 것은 그 근간에 공경이라는 의미를 전제하여 성립되는 말이다.

그리하여 아버지를 공경하면 아들이 즐겁고 형을 공경하면 동생이 즐거우며 군주를 공경하면 그 신하의 마음이 즐거워지는 것이다. 그러하니 한 사람의 공경이 천만의 사람을 즐겁도록 한 것이다. 이렇게 적은 사람이 공경하여 모든 사람을 즐겁게 하니 이것이야 말로 도의 중요한 요체라고 할 수 있다.」 (제 9권 효경)

—— 安上(안상): 장치하다. 설치하다.

8

孔子曰 :「導之以政, 齊之以刑, 民免而無恥. 導之以德, 齊之以禮, 有恥且格.」 老氏稱 :「法令滋章, 盜賊多有.」 (卷十二 史記下)

공자가 말하였다.

「정치로 백성을 인도하고 형벌로 백성의 질서를 잡으려고 하니 백성은 형벌을 면하려고 허둥대느라 수치심을 느끼지 못한다. 덕으로 백성을 교도하고 예로써 백성의 질서를 잡는다면 수치심도 있고 또한 백성의 품격도 갖게 될 것이다.」

노자가 말하기를

「법령에 법조항이 늘어나도 도적은 계속 늘어난다.」고 하더라.

(제 20권 사기 하편)

—— 導(도): 인도, 교도
齊(제): 질서를 잡다. 질서정연하다.
老氏(노씨): 노자

9

子産治鄭, 民不能欺 ; 子賤治單父, 人不忍欺 ; 西門豹治鄴, 人不敢欺. 三子之才能, 誰最賢哉? 辨治者當能別之.
(卷十二 史記下)

정나라를 다스리는 자산은 백성들이 속일 방법이 없고
단부를 다스리는 자천은 백성들이 차마 속일 수가 없을 것이며
업을 다스리는 서문표는 백성들이 감히 속이지를 못한다.
세 사람의 재능을 비교해 볼 때 누가 가장 현명한가?
정치에 대한 분별력이 있는 사람이라면 응당 가려낼 수 있지 않겠는가?

세 사람이 모두 바르고 훌륭한 정치인이다. 자산은 탁월한 능력을 갖고 있는 훌륭한 정치인이며 단부는 자애로운 인의 정치를 펼쳤으며 서문표는 강력하고도 엄한 정치를 실현한 정치인이다. 인의 정치를 실현한 단부를 가장 현명한 정치인으로 꼽을 수 있겠으나 다양한 현실 상황을 전제로 한다면 자산을 가장 현명한 정치인이라고 말하는 사람도 있다. 역사적으로 되돌아보면 이 세 가지 형태의 정치가 모두 필요한 것이 사실이다. 하나를 택한다는 것은 실로 어려운 일이다. 오히려 정치인에게 요구되는 세 가지 조건으로 보는 것이 더 타당할 것이다.

(제 12권 사기 하편)

—— **子産**(자산): 춘추전국시대 정나라 군주
鄭(정): 정나라(B.C. 806~375년)
子賤(자천): 공자의 제자. 춘추말기 노국인 선부의 행정수반으로 부임한 바 있음.
單父(선부): 現 산동성의 선현의 고명. 춘추시대 노나라에 속함.
西門豹(서문표): 춘추전국시대 위나라 제후
鄴(업): 위나라의 수도
不忍(불인): 차마 할 수 없다.

10

不知禮義, 不可以行法. 法能殺不孝者, 而不能使人爲孔墨(墨作曾)之行 ; 法能刑竊盜者, 而不能使人爲伯夷之廉. 孔子養徒三千人, 皆入孝出悌, 言爲文章, 行爲儀表, 教之所成也. (卷四十一 淮南子)

사람들이 예를 모른다면 법을 집행할 수 없다. 법은 불효한 사람을 사형에 처할 수도 있다. 그렇다고 해서 공자나 증자의 덕을 강요할 수는 없는 일이다. 도둑질한 사람을 처형할 수도 있겠으나 그렇다 하여 그들에게 백이의 청렴을 강요할 수는 없다. 공자가 삼천 명의 학생을 배양하였다. 그들은 모두가 집에서는 부모님께 효도하고 나가서는 윗사람을 공경한다. 말은 여러 형태의 문장 형식에 맞추어 구사하고 행동은 의례의 기준이 된다고 할 만하다. 이 모든 것이 교육에 따른 성공의 결과물이다.

(제 41권 회남자)

—— **行法**(행법): 법 시행, 법 집행
伯夷(백이): 상나라 말기 고죽군(孤竹君)의 장자. 고죽군이 유언으로 동생 숙제(叔齊)에게 군을 계승하려 하였다. 고죽군이 죽은 후 동생 숙제는 군위를 받지 않고 형 백이와 함께 주문왕 밑에 가서 그를 도와 일을 한다. 후에 주문왕이 상나라를 정벌할 때 이를 만류하다 듣지 않고 상나라를 멸망시키자 형제는 관직을 떠나 수양산에 들어가 은거하였다. 백이 · 숙제 형제는 고대사회의 청렴의 상징적 인물이다.

11

文子問德仁義禮. 老子曰:「德者民之所貴也, 仁者人之所懷也, 義者民之所畏也, 禮者民之所敬也. 此四者聖人之所以御萬物也.」(卷三十五 文子)

문자가 노자에게 덕 · 인 · 의 · 예에 관하여 물었다.

노자가 말하였다.

「덕은 백성들에게 존귀한 것이고 인은 사람들 가슴에 항상 품고 있는 그리움 같은 것이며 의는 백성들이 두려워하는 것이고 예는 백성들이 공경하는 것이다. 이 네 가지는 성인들이 백성들을 다스릴 때 사용하던 것들이다.」

원래 노자는 덕경에서 말하기를 덕이 약해지면 인이 일어나고 인이 약해지면 의가 분명해지고 의가 약해지면 예가 강조된다고 하였다. 인은 덕의 소극적인 개념이고 의는 가부가 가려져 긍정과 부정이 나누어지는 단절의 개념이며 예는 실속에 반하는 허세의 개념으로 권위와 서열에 맞는 예를 행하는 것으로써 공경을 전제로 하고 있다. 따라서 노자는 예를 가장 하급개념으로 정하고 있다. (제 35권 문자)

—— 御(어): 통치하다. 다스리다.

12

顯賢表德, 聖王所重 ; 擧善而敎, 仲尼所美. (卷二十六 魏志下)

과거 성왕들은 현명하고 덕이 있음을 만방에 알리는 것을 중요시 하였다. 선행을 두루 알리어 만민을 교화시키는 것을 공자도 아름다운 일로 찬미하였다. (제 26권 위지 하편)

—— 仲尼(중니): 공자
美(미): 찬미하다.

13

孔子曰 :「君子有三畏 : 畏天命, 畏大人, 畏聖人之言. 小人不知天命而不畏, 狎大人, 侮聖人之言.」(卷九 論語)

공자가 말했다.

「군자가 무서워하는 세 가지는 천명, 대인, 성현의 말씀이다.

그러나 소인은 천명을 모르니 무서워하지도 않고 대인을 가벼이 여기니 함부로 대하고 성현의 말씀은 업신여겨 비웃는다.」 (제 9권 논어)

—— 狎(압): 가볍게 여겨 모욕하다.
侮(모): 업신여기고 깔보다.

14

一年之計, 莫如樹穀 ; 十年之計, 莫如樹木 ; 終身之計, 莫如樹人. (卷三十二 管子)

일 년 계획으로는 곡식 수확만한 것이 없고

십 년 계획으로는 나무 심는 것이 제일이며
평생 계획으로는 사람 농사짓는 것이 제일이다. (제 32권 관자)

—— 樹(수): 심다. 파종하다.
樹(수): 식수하다. 조림하다.

6

예악(禮樂)

1

夫人之所以貴於禽獸者, 以有禮也. (卷三十三 晏子)

무릇 사람이 금수보다 존귀한 것은 사람에게 예의가 있기 때문이다.

(제 33권 안자)

2

故禮之敎化也微, 其正邪於未形, 使人日徙善遠罪而不自知也, 是以先王隆之也. 《易》曰 :「君子愼始. 差若毫釐, 謬以千里.」此之謂也. (卷七 禮記))

고로 예가 갖는 교화의 효과는 미미하다. 그러나 바르거나 사악한 것이 아직 그 형체가 잡혀지기 전에 그 사람으로 하여금 매일 선에 한 발짝씩 다가가고 죄악으로부터 멀어지게 하면 본인은 그것을 느끼지 못하지만 실제로는 교화의 효과가 있다. 그래서 선왕들은 이러한 방법으로 교화하는 것을 아주 높게 평가하였다.

《주역》에서 말하길

「군자는 일이 시작되는 시점에서 신중을 기해야 한다.

그렇지 않으면 시작할 때에 털끝만큼 틀린 것이 후에는 천리만큼 크

게 잘못된다.」라고 하였다. 이를 두고 하는 말이다. (제7권 예기)

—— 隆(륭): 높이 숭상하다.
謬(류): 잘못되다. 틀리다.

3

道德仁義, 非禮不成 ; 教訓正俗, 非禮不備 ; 分爭辨訟, 非禮不決 ; 君臣上下, 父子兄弟, 非禮不定 ; 宦學事師, 非禮不親 ; 班朝治軍, 蒞官行法, 非禮威嚴不行 ; 禱祠祭祀, 供給鬼神, 非禮不誠不莊. (卷七 禮記)

도 · 덕 · 인 · 의는 예가 아니면 완성될 수 없다.

교도하고 훈계하여 바른 풍속을 세우려 해도 예가 아니면 질서와 규범과 같은 기본적인 조건을 갖출 수 없다. 분쟁을 해결하는 소송도 예가 아니면 일정한 준칙을 정할 수 없어 판결의 기준이 없으므로 정확성을 확보할 수 없다. 군주와 신하 윗사람과 아랫사람, 아버지와 아들, 형제지간의 관계도 예가 없으면 본분을 지키지 못하므로 바르게 정립될 수 없다. 국가행정 업무 능력을 높이기 위한 공부를 하고 사부를 모시는 것도 예가 아니면 사제지간의 친밀한 정을 유지할 수가 없다. 조정에서 직위의 품과 급수에 따라 순위를 배치하는 의식이나 군대에서 계급을 수여하는 의식, 그리고 관직을 수여 받는 일을 시행하는 예법도 예가 아니면 그 위엄을 갖추어 행할 수가 없다. 신에게 빌거나 감사하는 제사와 조상님께 지내는 제사도 모두 예가 없다면 격식을 갖추지 못하므로 성심을 다하고 장엄한 분위기를 만들 수가 없다. (제 7권 예기)

—— 宦學(환학): 행정능력을 높이기 위한 학습
班朝(반조): 조정에서 직위의 품과 급수에 따라 순위를 정해

배치하는 의식
莅官(나관): 임직 · 직책을 맡는 것
禱祠祭祀(도사제사): 비는 제사, 신에게 감사드리는 제사, 신명과 조상에게 지내는 제사

4

夫禮者, 所以定親疏, 決嫌疑, 別同異, 明是非也. (卷七 禮記)

무릇 예라고 하는 것은 친한 관계인지 소원한 관계인지를 구분하여 규정해 주고 사건에 혐의가 있고 없음을 판결하며 사물이 서로 같고 다름을 분별해 주고 경위의 옳고 그름을 분명하게 밝혀 둔다. (제 7권 예기)

5

君子有禮, 則外諧而內無怨. (卷七 禮記)

군자가 예를 갖추면 밖에서는 조화롭게 잘 어울리고 집에서는 원망을 듣지 않는다. (제 7권 예기)

—— **諧**(해): 잘 어울리다.

6

富貴而知好禮, 則不驕不淫 ; 貧賤而知好禮, 則志不懾. (卷七 禮記)

부귀한 사람이 예를 익히기를 즐기고 배운 예를 잘 지켜 나가면 교만하거나 방탕하지 않는다. 가난하고 천한 사람이 예를 익히기를 즐겨서

배운 예를 잘 지켜 나가면 의지가 정립되어 두려워하거나 겁을 내지 않는다. (제 7권 예기)

—— 懾(섭): 두려워하다.

7

昏禮者, 將合二姓之好, 上以事宗廟, 而下以繼後世也. 故君子重之. 男女有別, 而後夫婦有義 ; 夫婦有義, 而後父子有親 ; 父子有親, 而後君臣有正. 故曰, 婚禮者, 禮之本也. (卷七 禮記)

혼례는 두 성이 결합하는 좋은 의례이다. 위로는 종묘의 제사를 모시고 아래로는 대를 이을 후세를 생산한다. 그리하여 군자는 혼례를 중요한 의례로 생각하였다. 남녀가 유별하니 혼례 후에는 부부간에 서로 지켜야 할 의가 있게 되고 부부간에 의가 있고 난 후에는 부자간의 정도 더욱 친밀해지며 부자간의 정이 친밀해지면 신하간의 관계도 바로 서게 된다. 이러하니 혼례는 예의 근본이라 할 수 있다. (제 7권 예기)

—— 昏(혼): 통혼, 혼인. 통상 婚자를 쓴다.

8

故朝覲之禮, 所以明君臣之義也 ; 聘問之禮, 所以使諸侯相尊敬也 ; 喪祭之禮, 所以明臣子之恩也 ; 鄕飮酒之禮, 所以明長幼之序也 ; 婚姻之禮, 所以明男女之別也. 夫禮禁亂之所由生, 猶防止水之所自來也. 故以舊防爲無所用而壞之者, 必有水敗 ; 以舊禮爲無所用而去之者, 必有亂患. 故婚姻之禮廢, 則夫婦之道苦, 而淫僻之罪多矣 ; 鄉飮酒之禮廢, 則長幼之序失, 而鬥爭之獄繁矣 ; 喪祭之禮廢, 則臣子之恩薄, 而背死忘生者衆矣 ; 聘覲之禮廢, 則君臣之位失, 而背叛侵陵之敗起矣. (卷七 禮記)

제후가 천자를 알현할 때 지켜지는 예는 군신간의 의를 보여 주는 예이다. 제후 간에 사절을 보내어 우의를 다지는 예는 제후들의 상호 존경을 표시하는 예이다. 명신하의 자식이 올리는 감은의 상례는 군주의 은혜에 대한 감사를 자식이 표한다는 의미를 갖는 예이다. 향리의 관청 책임자가 여는 향음 주연회의 예는 장유유서를 알도록 하고 현인을 공경하는 경노존현의 의미를 갖는 예이다. 혼례의 예는 남녀 간이 서로 다르다는 분별이 있음을 알게 해주는 예이다.

무릇 예를 금지할 수도 있으나 그리되면 많은 혼란이 야기될 수 있다. 이것은 제방이 홍수를 막아 주고 있는 것과 같은 경우이다. 그리하여 이전 방조제가 역할을 잘하지 못했다 하여 이를 허물어 버리면 이후 필히 수해를 당하게 된다. 예전부터 행하던 예가 불필요하다 하여 함부로 없애버리면 이에 따른 혼란이 나타난다. 고로 혼인의 예식을 없애면 부부간의 도의가 곤경에 처하게 되어 잘 보이지 않는 곳에서는 음란한 죄를 범하는 사례가 늘어나게 될 것이고, 향리의 음주연회의 예를 없애면 장유유서의 질서가 혼란해져서 서로 다투고 싸우는 형사사건이 늘어나게 될 것이며, 은혜에 감사하는 상례를 없애게 되면 명신하의 자식이 군주에게 은혜 입은 정이 감소하여 죽은 아비를 배반하고 군주의 은혜를 잊고 사는 불효자가 많아질 것이고, 천자를 알현하는 예과 제후 간의 방문의 예를 없애면 군신지간의 지위에 대한 분별이 실종되어 배반과 불신으로 국경을 넘어 침입하는 병폐가 일어나게 될 것이다. (제 7권 예기)

—— **朝覲之禮**(조근지례): 제후가 천자를 알현하는 예
聘問之禮(빙문지례): 제후 간에 서로의 우의를 다지는 방문예절
喪祭之禮(상제지례): 명신하의 아들이 군주의 은혜에 감은의 표시로 치러지는 상례
鄕飮酒之禮(향음주지례): 고대 향주 단위의 큰 연회를 열어 위로는 향을 다스리는 향대부로부터 조정의 현량지사와 향리의 모든 사람이 모여 먼저 귀신에게 제사를 지내고 연회를 즐긴다. 이 예는 경노존현의 목적으로 지방관청이 주관하여 열던 연회의 예이다.

9

祭不欲數, 數則煩, 煩則不敬. 祭不欲疏, 疏則怠, 怠則忘. (卷七 禮記)

제사를 너무 많이 지내려 하면 안 된다. 너무 많으면 제사 지내는 것을 싫어하는 마음이 생기게 된다. 제사 지내는 것이 싫어지게 되면 조상을 공경하는 마음도 약해지게 된다. 제사를 너무 적게 지내려 해서도 안 된다. 제사 지내는 횟수가 너무 뜸해지면 제사 지내는 일을 게을리하게 되고 게을리하다 보면 제사 모시는 것을 잊어버리게 된다. (제 7권 예기)

10

凡音者, 生人心者也. 情動於中, 故形於聲. 聲成文, 謂之音. 是故治世之音, 安以樂, 其政和 ; 亂世之音, 怨以怒, 其政乖 ; 亡國之音, 哀以思, 其民困. (卷七 禮記)

무릇 음악은 사람의 마음으로부터 나온다. 감정이 심중에서 요동치

게 되면 소리라는 형태로 밖으로 나오게 된다. 그 소리를 문자로 표시하게 되면 그것을 바로 음악이라고 한다. 그리하여 나라가 잘 다스려지고 있는 곳에서 나오는 음악은 편안하고 유쾌하다. 그러한 정치는 화합의 정치이다. 난세의 혼란한 나라는 음악에 원한과 분노가 서려 있다. 그러한 정치는 정상이 아닌 반상의 정치이다. 망국의 음악은 애처롭고 수심이 가득하다. 그 나라의 백성이 곤경에 처해 있기 때문이다. (제 7권 예기)

—— 乖(괴): 비정상, 반상

11

音聲之道, 與政通矣. 宮爲君, 商爲臣, 角爲民, 徵爲事, 羽爲物. 五者不亂, 則無怠(本書怠作怗)懘之音矣. 宮亂則荒, 其君驕. 商亂則陂, 其臣壞. 角亂則憂, 其民怨. 徵亂則哀, 其事勤. 羽亂則危, 其財匱. 五者皆亂, 迭相陵, 謂之慢. 如此則國之滅亡無日矣. (卷七 禮記)

음악의 소리에도 도가 있다. 정치와 서로 통하는 면이 있다. 궁상각치우의 음을 각각 군 · 신 · 민 · 사 · 물과 대비해 볼 만하다. 다섯 가지 음이 서로 조화를 이루지 못한다면 불협화음이 나돌게 된다. 궁음이 혼란하면 음에 중심이 없어져 황량한 느낌을 준다. 이것은 군주가 교만해져서 현인들이 이탈되는 것과 같다. 상음이 혼란하면 경사져 기우는 느낌을 받는다. 이것은 신하의 품성이 좋지 않아 국가제도를 이용하여 사리사욕을 취하는 것과 같다. 각음이 혼란하면 우수에 젖은 느낌을 준다. 정부의 정책이 백성에게 원한을 줄 수 있는 것과 같다. 치음이 혼란하면 듣기가 애잔하여 이것은 노역이 많아 백성들이 고통 받는 것과 같다. 우음이 혼란하면 위급하고 불안한 느낌을 준다. 백성들의 살림이 궁핍해지는 것과 같다.

이렇게 다섯 가지가 혼란해지면 서로가 번갈아가며 능멸하게 되니 나라가 망하는 것은 시간문제이다. (제 7권 예기)

—— 怠懘(태체): 불협화음. 화음이 맞지 않는다.
陂(피): 기울다.
迭(질): 번갈아하다.

12

亂世之樂, 爲木革之聲, 則若雷, 爲金石之聲, 則若霆, 爲絲竹歌舞之聲, 則若譟. 以此駭心氣動耳目搖蕩生, 則可矣 ; 以此爲樂, 則不樂. 故樂愈侈, 而民愈鬱, 國愈亂, 主愈卑, 則亦失樂之情矣. (卷三十九 呂氏春秋)

난세의 음악은 나무와 가죽 소리가 나는데 작은 천둥소리와 같고 쇳소리와 돌 부딪히는 소리가 나는데 큰 천둥소리 같으며 실과 대나무를 사용하여 춤을 추고 노래를 부르는데 그 소리가 마치 시끄러운 새소리와도 같다. 이러한 음악이 사람의 심기를 놀라게 하고 이목을 동요시키고 일생을 탕진케 한다. 이러한 음악은 연주해도 아무도 즐거워하지 않는다. 고로 음악이 커질수록 백성은 더욱 더 외로워진다. 나라는 갈수록 혼란하고 군주는 갈수록 비참해진다. 본래의 음악이 갖고 있는 좋은 면을 잃게 되는 정황이 바로 이런 것이다. (제 39권 여씨춘추)

—— 雷(뢰): 천둥소리
霆(정): 큰 천둥소리
譟(조): 새가 시끄럽게 우는 소리
蕩(탕): 방탕하다. 탕진하다.
駭(해): 놀라다.
侈(치): 크다.

13

樂由中出, 禮自外作. 大樂必易, 大禮必簡. (卷七 禮記)

음악은 사람의 마음속에서 나오고 예는 외부로 보이는 행위로부터 시작된다. 위대한 음악은 필히 평이해야하고 거대한 예 의식은 필히 간결해야한다. (제 7권 예기)

7
애민(愛民)

1

利天下者, 天下亦利 ; 害天下者, 天下亦害之. ……仁人在位, 常爲天下所歸者, 無他也, 善爲天下興利而已矣. (卷四十九 傅子)

천하에 이득을 주는 사람에게는 천하도 이득을 주고, 천하에 해를 끼치는 사람에게는 천하도 해를 준다. 자애로운 인애를 베푼 군주가 즉위하였으니 천하의 모든 사람들이 그에게 돌아간다. 다른 이유가 없다. 선행을 하여 천하의 모든 사람을 이롭게 하였기 때문이다. (제 49권 부자)

2

所謂天子者, 天下相愛如父子, 此之謂天子. (卷三十一 六韜)

소위 천자는 천하의 모든 사람을 부자간에 사랑하듯이 사랑한다. 이것을 백성을 사랑하는 천자의 모습이라고 말한다. (제 31권 육도)

3

天地養萬物, 聖人養賢, 以及萬民. (卷一 周易)

천지가 만물을 양육하듯 성인이 현인을 길러낸다. 성인의 사랑이 만민에 다다르니 모두가 행복하다. (제 1권 주역)

4

故善爲國者, 御民如父母之愛子, 如兄之慈弟也. 見之飢寒, 則爲之哀 ; 見之勞苦, 則爲之悲. (卷三十一 六韜)

고로 선으로써 국가를 다스리는 군주는 백성을 부모가 자식을 사랑하듯이 하고 형이 동생을 아끼듯이 한다. 백성이 춥고 배고픈 것을 보면 이를 애통해하고 백성이 힘들고 고통스러워하면 이를 보고 비통해한다. (제 31권 육도)

5

臣聞國之興也, 視民如傷, 是其福也 ; 其亡也, 以民爲土芥, 是其禍也. (卷六 春秋左氏傳下)

신이 듣기로는 흥성한 나라는 군주가 백성을 다친 환자 보듯이 측은하게 본다. 이것은 백성의 복이다. 망하는 나라는 군주가 백성을 진흙에 난 하찮은 풀 보듯 한다. 이것은 백성들의 화근이다.

(제 6권 춘추좌씨전 하편)

6

堯存心於天下, 加志於窮民, 痛萬姓之罹罪, 憂衆生之不遂也. 有一民飢, 則曰此我飢之也 ; 有一民寒, 則曰此我寒之也 ; 一民有罪, 則曰此我陷之也. 仁昭而義立, 德博而化廣. 故不賞而民勸, 不罰而民治. 先恕而後教, 是堯道也.
(卷四十三 說苑)

요임금은 마음은 천하에 가 있었으면서도 살림이 궁핍한 백성을 구해보려는 의지가 날로 더해졌다. 그리하여 죄를 짓고 벌을 받는 백성들을 보고 가슴 아파했다. 또한 모든 민중들이 자신이 원하는 바를 이루면서 살지 못함을 우려하였다.

어느 백성이 배고픈 것을 보면 "이것은 내가 그를 배고프게 한 것이다."라고 하였고, 어느 백성이 추위에 떨면 "이것은 내가 그를 춥게 만들었다."라고 하였으며, 어느 백성이 죄를 지으면 "이것은 내가 그를 죄짓게 만들었다."라고 하였다.

인애가 밝게 비추어야 의가 성립되고 덕이 넓게 퍼져야 온 세상이 감화된다. 그리하여 상을 주지 않고도 백성에게 선행을 권할 수 있고 벌을 주지 않고도 백성을 다스릴 수 있다. 먼저 용서하고 후에 가르치는 것이 요임금의 도이다. (제 43권 설원)

—— 罹(리): 재난을 당하다. 질병에 걸리다.
遂(수): 원하는 바를 이루는 것. 순조롭게 하고 싶은 일을 달성하는 것.

7

子張問仁於孔子. 孔子曰 :「能行五者於天下, 爲仁矣.」請問之. 曰 :「恭寬信敏惠. 恭則不侮, 寬則得衆, 信則人任焉, 敏則有功, 惠則足以使人.」(卷九 論語)

자장이 공자에게 인에 대해 물었다.

공자가 답하였다.

「다섯 가지를 천하에 행할 수 있다면 그것을 인이라 하자.」

그것이 무엇이냐는 물음에 공자가 답하였다.

「공경의 공(恭), 관대함의 관(寬), 신용의 신(信), 민첩의 민(敏), 은혜의 혜(惠). 이 다섯 가지이다.

사람들을 공경하여 대하면 어떠한 경우에도 모욕을 당하는 일이 없고 사람들을 관대하게 대하면 결국 많은 사람을 얻게 되며, 사람들을 신의로써 대하면 당연히 그들로부터 신임을 받게 되고 일할 때에 항상 민첩하게 행동하면 하는 일이 모두 성공적이며, 사람들에게 은혜를 베풀면 그 은덕이 그들로 하여금 보은할 마음을 갖도록 해 준다.」 (제 9권 논어)

—— 子張(자장): 공자의 제자. 이름은 손사(孫師, 기원전 503~?년). 춘추말기 진(陳)나라 사람
侮 (모): 모욕을 당하다.
敏(민): 민첩하다.

8

丘也聞有國有家者, 不患寡, 而患不均, 不患貧, 而患不安. 蓋均無貧, 和無寡, 安無傾. 夫如是, 故遠人不服, 則修文德以來之 ; 旣來之, 則安之. (卷九 論語)

이전에 내(공자)가 일국의 제후와 한 가정의 경대부와 나누었던 이야기를 해보면 경제의 규모가 작은 것을 걱정하지 말고 균등하게 분배가 잘 이루어지고 있지 않음을 걱정해야 합니다. 나라가 가난함을 걱정하지 말고 백성들이 편안하지 못함을 걱정해야 합니다. 모두 분배가 잘 이루어지면 극빈자가 없어지고 화합이 잘되면 지나치게 적게 소유한 사람이 없어져서 나라가 평안해지고 부가 한쪽으로 기울게 되지 않습니다.

이렇게 정성을 다해도 먼 곳에 있는 민족들이 귀화하려 하지 않는다면 더욱더 학문을 하여 수양하고 덕을 쌓아서 그들을 오게 해야 합니다.

그들이 오게 되면 바로 그들의 생활이 안정될 것입니다. (제 9권 논어)

—— 丘(구): 공자의 자칭
蓋(개): 윗 문장과의 연결
來(래): 오게 하다. 오도록 초치하다.

9

今之所謂良吏者, 文察則以禍其民, 强力則以厲其下, 不本法之所由生, 而專己之殘心. (卷四十二 鹽鐵論)

작금의 소위 좋은 관리라고 하는 자들을 보면 가혹한 탐문 사찰로 백성들에게 화를 입히고 위세를 과시하여 하급 관리들에게 엄격한 권위를 내세우며 원래 법이 생긴 근거와 그 취지를 무시하고 자신의 뜻에 따라 전권을 휘둘러 법을 시행하니 그 잔혹한 마음이 만인에게 상해를 끼치고 있다. (제 42권 염철론)

—— 文察(문찰): 탐문사찰
專己(전기): 자기마음대로 전횡하다. 자기마음대로 전권을 휘두르다.

10

凡民有七亡：陰陽不和, 水旱爲災, 一亡也；縣官重責, 更賦租稅, 二亡也；貪吏並公, 受取不已, 三亡也；豪强大姓(姓下舊有家字, 删之.), 蠶食無厭, 四亡也；苛吏繇役, 失農桑時, 五亡也；部落鼓鳴, 男女遮列, 六亡也；盜賊劫略, 取民財物, 七亡也. 七亡尚可, 又有七死：酷吏毆殺, 一死也；治獄深刻, 二死也；冤陷無辜, 三死也；盜賊橫發, 四死也；怨讎相殘, 五死也；歲惡飢餓, 六死也；時氣疾疫, 七死也. 民有七亡, 而無一得, 欲望國安誠難. 民有七死, 而無一生, 欲望刑措誠難. (卷十九 漢書七)

백성이 힘들어 도망가게 되는 일곱 가지 원인, 칠망(七亡)이 있다.

첫째: 음양 조화가 균형을 잃어서 일어나는 홍수와 가뭄이다.

둘째: 관리들에게 책임 할당량을 늘려 조세 부과를 가중시키는 일이다.

셋째: 탐관오리들이 공적인 일을 사칭하여 개인의 사익을 취하는 일이다.

넷째: 부호가 힘을 키워 큰 성씨 일족을 이루고 주위를 끊임없이 잠식하는 일

다섯째: 가혹한 관리의 부역 공출로 농잠 시기에 농사일의 때를 놓치는 일

여섯째: 전 부락에 비상 북을 두드려 남녀를 도열하게 해서 도적 무리를 에워싸고 소탕하는 연습을 시키는 일

일곱째: 도적이 급습하여 백성들의 재물을 강탈해 가는 일

그러나 이 외에 다시 칠사(七死)가 있다.

첫째: 잔혹한 관리가 백성들에게 죄를 씌워 사지로 몰아 죽게 하는

일

둘째: 감옥에 갇히면 옥사가 너무 가혹하여 죽게 되는 일

셋째: 무고한 사람을 함정 수사 하여 억울한 죽음에 이르게 하는 일

넷째: 도적이 자주 나타나 죽음을 당하는 일

다섯째: 집안끼리 원수지어 서로 죽이는 일

여섯째: 흉년으로 해를 넘기다 기아로 굶어 죽는 일

일곱째: 때마다 생기는 역병으로 병들어 죽는 일

이것이 칠사이다.

백성들이 칠망으로 사방으로 도망 다녀 보지만 득 되는 것은 아무것도 없고 나라가 편하게 되기를 바라지만 이루어지기가 너무 어렵다.

백성들이 칠사에 걸려들면 거기에서 살아남을 사람이 없으니 차라리 형법을 폐기하고 싶지만 실제로 그리된다는 것은 너무 어려운 일이다.

(제 19권 한서 7집)

——— 繇役(요역): 고대에 성년 남자를 의무적으로 노역공출 하여 성을 쌓거나 도로보수 · 방위사업 등을 전개하였다.
요역(徭役)이라고도 함.

遮列(차열): 대열을 짜서 도둑이 도망가지 못하게 막는 것.

劫略(겁략): 위협하다. 급습하다.

毆殺(구살): 한쪽으로 몰아죽이다.

冤陷(원함): 억울하게 함정수사 하는 것.

8
민생(民生)

1

富國有八政：一曰, 儉以足用；二曰, 時以生利；三曰, 貴農賤商；四曰, 常民之業；五曰, 出入有度；六曰, 以貨均財；七曰, 抑談說之士；八曰, 塞朋黨之門. (卷五十 袁子正書)

부국에 공통되는 팔대 정책이 있다.

1. 검소한 나라 살림으로 국가 재정을 풍족하게 한다.
2. 국가 정책 시행을 적절하게 하여 수익을 창출한다.
3. 농업을 중시하고 상업을 천시한다.
4. 모든 백성이 직업을 갖게 한다.
5. 세입과 지출을 절도 있게 한다.
6. 국가 화폐 보유를 안정시켜 재정의 균형을 꾀한다.
7. 불필요한 담론을 많이 하는 선비들의 언로를 억제한다.
8. 사사로운 결당 행위를 엄금한다. (제 50권 원자정서)

2

民有餘則輕之, 故人君斂之以輕 ; 民不足則重之, 故人君散之以重. 凡輕重斂散之以時, 卽準平, 故大賈蓄家, 不得豪奪吾民矣. (卷十四 漢書二)

백성들이 여유가 있을 때에는 국가의 책임이 가볍다. 그리하여 군주가 거두어들이는 세금 부담도 가벼워진다. 백성들이 식량이 부족할 때에는 국가의 책임이 중대해진다. 그리하여 국가가 나누어 주어야할 것들도 많아진다. 국가가 백성들로부터 세금을 거두어들이고 나누어 줄 때의 국가의 책임의 경중을 분산시켜 평형을 이룬다면 물가는 보다 안정될 것이다. 그리하면 대상인이나 대부호의 집안들이 백성들의 이익을 서로 많이 가지려 쟁탈하지는 않을 것이다. (제 14권 한서 2집)

—— **大賈**(대가): 대상인

蓄家(축가): 재물을 축적한 대부호집안

9

기강(紀綱)

1

天下之達道有五, 其所以行之者三. 曰君臣也, 父子也, 夫婦也, 昆弟也, 朋友之交也, 五者, 天下之達道也 ; 智仁勇三者, 天下之達德也. 所以行之者一也. 或生而知之, 或學而知之, 或困而知之, 及其知之一也. 或安而行之, 或利而行之, 或勉强而行之, 及其成功一也. (卷十 孔子家語)

천하의 모든 만민에게 널리 통할 수 있는 도가 다섯 가지이며 이를 행하는 것이 세 가지이다. 말하자면 군신간의 도, 부자간의 도, 부부간의 도, 형제간의 도, 친구 간의 도, 이 다섯 가지이다. 이것은 천하의 모든 사람에게 공통으로 통할 수 있는 도이다. 지(智), 인(仁), 용(勇)의 세 가지는 천하의 모든 사람에게 통할 수 있는 덕의 항목이다. 그러므로 이것은 행하는 것이 가장 중요하다.

어느 사람은 태어나서부터 알고, 어느 사람은 배워서 알며, 어느 사람은 어떻게 노력해서 안다. 어찌해서 알았든 간에 알고 나면 모두가 똑같다. 어느 사람은 자신의 마음에 안정을 얻기 위해 행하고, 어느 사람은 이익을 얻기 위해 행하며, 어느 사람은 자신을 단련시키기 위해 행한다. 어떤 목적으로 행하였든 간에 행하여 이루고 나면 그 이루어낸 덕과 그리하여 통한 도는 모든 사람이 다 똑같다. (제 10권 공자가어)

2

仁義禮樂,名法刑賞, 凡此八者, 五帝三王, 治世之術也. 故仁以導之, 義以宜之, 禮以行之, 樂以和之, 名以正之, 法以齊之, 刑以威之, 賞以勸之. (卷三十七 尹文子)

인(仁), 의(義), 예(禮), 악(樂), 명(名), 법(法), 형(刑), 상(賞). 이 여덟 가지는 모두 삼왕오제가 국가를 다스리던 방법을 말한다.

1. 인애로 만민을 교도하고
2. 도의로써 이치에 합당한 정책을 시행하고
3. 예의범절로 백성의 행위를 규범하고
4. 음악으로써 백성들을 화목하게 하였으며
5. 명분을 내세워서 백성의 행동을 바르게 하였으며
6. 법으로써 백성들의 행위기준을 통일시켜 질서를 잡고
7. 형벌로써 백성들이 무서워하는 위세를 확립하고
8. 포상함으로써 백성들에게 선행을 권하였다. (제 37권 윤문자)

—— 五帝(오제): 고대의 다섯 성왕을 일컫는 말로 크게 두 가지 설이 있다.

1. 전설: 황제(黃帝), 전욱(顓頊), 제곡(帝嚳), 당요(唐堯), 우순(虞舜)
2. 신화: 태호(太昊), 염제(炎帝), 황제(黃帝), 소호(小昊), 전욱(顓頊)

三王(삼왕):

1. 하나라 우왕(夏禹), 상나라 탕왕(商蕩), 주나라 무왕(周武)
2. 하나라 우왕(夏禹), 상나라 탕왕(商蕩), 주나라 문왕(周文)
3. 상나라 탕왕(商蕩), 주나라 문왕(周文), 주나라 무왕(周武)

3

仁者莫大於愛人, 智者莫大於知賢, 政者莫大於官能. 有土之君, 能修此三者, 則四海之內供命而已矣. (卷十 孔子家語)

인애를 가진 사람은 온 백성을 사랑하는 것이 가장 중요한 일이며 지혜를 가진 사람은 현명한 현자를 발굴하는 것이 중요하고 정치하는 사람은 관리가 자신의 능력을 발휘하게끔 하는 것이 중요하다. 선비를 거느리고 있는 군주로서 이 세 가지를 따르고 익힌다면 만방의 모든 사람들에게 명을 내리고 또한 받들게 할 수 있을 것이다. (제 10권 공자가어)

4

天子聽男教, 后聽女順 ; 天子理陽道, 后治陰德 ; 天子聽外治, 后聽內治. 教順成俗, 外內和順, 國家理治, 此之謂盛德也. (卷七 禮記)

천자는 남자들 교화시키는 일을 주관하고 황후는 여자들의 온순한 미덕을 길러 주는 일을 주관한다. 천자는 양강의 도에 관한 이치를 배우고 황후는 음유의 덕을 다스리는 법을 배운다. 천자는 궁궐 밖을 다스리는 일을 주관하고 황후는 궁궐 안을 다스리는 일을 주관한다. 백성을 교화하는 일이 잘 되면 나라의 좋은 풍속이 만들어지고 궁궐 밖과 안의 조화가 잘 이루어지면 나라가 잘 다스려진다. 이것을 가리켜 성덕(盛德)이라고 한다. (제 7권 예기)

5

治天下有四術：一曰忠愛, 二曰無私, 三曰用賢, 四曰度量. 度量通, 則財用足矣；用賢, 則多功矣；無私, 百智之宗也；忠愛, 父母之行也. (卷三十六 尸子)

천하를 다스리는 방법에는 네 가지가 있다.

1. 충애(忠愛) 2. 무사(無私) 3. 용현(用賢) 4. 도량(度量)

도량은 재정의 입출을 정확히 하고 이에 대한 계획을 세밀하게 하여 재물의 사용을 풍족하게 하는 것이고, 용현은 현명한 인재를 임용함으로써 국가의 큰일을 하게 하는 것이며, 무사는 공정무사를 기하여 청렴한 정사를 보는 것을 모든 지혜의 근본으로 삼는 것이고, 충애는 성심으로 백성을 자식처럼 사랑하는 것이다. (제 36권 호자)

6

倉廩實則知禮節, 衣食足則知榮辱, 上服度則六親固, 四維張則君令行. 四維不張, 國乃滅亡. 國有四維, 一維絶則傾, 二維絶則危, 三維絶則覆, 四維絶則滅. 傾可正也, 危可安也, 覆可起也, 滅不可復錯也. 四維：一曰禮, 二曰義, 三曰廉, 四曰恥. (卷三十二 管子)

창고가 가득해야 예절을 알고 입고 먹는 것이 풍족해야 영욕을 안다. 윗사람이 솔선하여 예를 따르고 법도를 지켜야 육친이 견고하며 국가는 네 가지를 유지하고 신장시켜야 군주가 영을 행할 수 있다. 이 네 가지를 유지하고 신장시키지 않으면 나라는 멸망한다. 이 네 가지 중 첫 번째를 유지하지 않으면 나라가 기울고 두 번째를 유지하지 않으면 나라가 위험하며 세 번째를 유지하지 않으면 나라가 전복되고 네 번째를 유지하지 않으면 나라가 멸망한다. 나라가 기운 것은 바로 할 수 있고 위험한 것은 안전하게 할 수 있으며 전복된 것은 일으켜 세우면 된다. 그러나 멸망한 것은 다시 회복시켜 놓을 수가 없다. 국가가 유지해야 할 네 가지는 첫째가 예(禮)이고 둘째가 의(義)이며 셋째가 렴(廉)이고 넷째가 수치감의 치(恥)이다. (제 32권 관자)

—— 육친(六親) : 부 · 모 · 형 · 제 · 처 · 자

7

是故古之聖王未有不尊師也, 尊師則不論貴賤貧富矣. (卷三十九 呂氏春秋)

그리하여 고대의 성왕 중에는 스승을 존중하지 않은 왕이 없었다. 스승을 존중함에 있어서는 그 부귀와 빈천을 논하지 않는다.

(제 39권 여씨춘추)

8

湯曰 :「何謂臣而不臣?」對曰 :「君之所不名臣者四 : 諸父臣而不名 ; 諸兄臣而不名 ; 先王之臣, 臣而不名 ; 盛德之士, 臣而不名 ; 是謂大順也.」(卷四十三 說苑)

탕왕이 물었다.

「어떤 신하가 신하라고 부르면 안 되는 신하인가?」

이윤이 대답하였다.

「군주가 신하라 부를 수 없는 사람이 네 가지 있습니다.

아버지 항렬의 노신하는 신하로 호명할 수가 없고

신하들 중 가장 연장자인 대신을 신하로 호명할 수 없고

선왕의 대신을 신하로 호명하지 못하며

널리 덕망이 있어 모신 대신을 신하로 칭하지 못합니다.

이것은 윤리를 따라 순응하는 대도라 할 수 있습니다.」 (제 43권 설원)

—— 伊尹(이윤): 상나라의 대신. 이름은 이(伊). 윤(尹)은 관직명이다.

9

子曰 :「不在其位, 不謀其政.」(卷九 論語)

공자가 말하였다.

「군자는 직위를 맡고 있지 않으면 그 직무에 관련된 일에 대하여 관여하지 않는다.」 (제 9권 논어)

10

是以人君自任而躬事, 則臣不事事矣. 是君臣易位也, 謂之倒逆, 倒逆則亂矣. 人君任臣而勿自躬, 則臣事事矣. 是君臣之順, 治亂之分, 不可不察. (卷三十七 愼子)

군주가 모든 일에 직접 나서서 일을 관장하게 되면 신하는 주동적으로 일을 하지 않는다. 군주와 신하의 위치가 바뀐 것으로 이를 전도되었다고 한다. 이렇게 되면 혼란이 야기될 수 밖에 없다. 군주가 일을 신하에게 맡기고 직접 나서지 않으면 신하는 그 일을 주관하여 일을 처리한다. 이것이 군주와 신하와의 정상적인 관계이다. 이렇다 해서 정사의 혼

란한 부분을 못 보고 지나치지는 않는다. (제 37권 신자)

—— 躬(궁): 친히, 몸소
事(사): 일을 맡다.

11

政不可多門, 多門則民擾. (卷二十九 晉書上)

정부의 시행령이 여러 곳에서 내려가서는 안 된다. 시행령의 출처가 여러 곳이면 백성들이 혼란해진다. (제 29권 진서 상편)

10
상벌(賞罰)

1

古之明君, 褒罰必以功過 ; 末代闇主, 誅賞各緣其私. (卷二十三 後漢書三)

고대의 현명한 군주는 포상과 징벌을, 공로와 과실에 따라 엄격하게 구분하였다. 그러나 망하기 직전의 우매한 군주는 상을 내리거나 벌로써 사람을 죽이는 것을 개인적인 감정에 따라 결정하였다.

(제 23권 후한서 3집)

—— 褒(포): 포상하여 칭찬하다.
緣(연): ~에 따라

2

夫當賞者不賞, 則爲善者失其本望, 而疑其所行 ; 當罰者不罰, 則爲惡者輕其國法, 而怙其所守. (卷四十六 中論)

무릇 응당 상을 주어야 할 사람에게 상을 주지 않으면 좋은 일을 한 사람이 원래 기대했던 희망을 잃고 자신의 행위에 대하여 의구심을 갖게 된다. 벌을 주어야 할 사람에게 벌을 주지 않으면 나쁜 행위를 한 사람이 나라의 국법을 경시하고 좋지 못한 타성이 생겨 나쁜 짓을 계속하

게 된다. (제 46권 중론)

—— 怙(호): 믿다. 의지하다.

3

先王之敎, 進賢者爲上賞, 蔽賢者爲上戮. (卷四十九 傅子)

그리하여 선왕의 가르침에 따르면 현명한 인재를 찾아내어 추천하는 사람에게 상을 주고 현명한 인재를 가로막는 사람에게는 죽음으로 벌하였다. (제 49권 부자)

—— 蔽(폐): 가리다.
戮(륙): 죽이다.

4

爵祿者, 國柄之本, 而貴富之所由, 不可以不重也. 然則爵非德不授, 祿非功不與. 二敎旣立, 則良士不敢以賤德受貴爵, 勞臣不敢以微功受重祿, 況無德無功, 而敢虛干爵祿之制乎! (卷四十九 傅子)

작위나 봉록은 국가권력의 근본이며 부귀의 원천으로서 중요하지 않을 수 없다. 그러하니 덕망이 없는 사람에게 작위를 줄 수가 없고 공로가 없는 사람에게 봉록을 줄 수가 없다. 작위 · 봉록제도는 이미 정립되어 있다. 학업이 우수한 선비라도 천박한 도덕의 소유자라면 존귀한 작위를 받을 수 없으며 열심히 일하는 신하라도 공로가 미미한 정도라면 감히 많은 봉록을 받을 수 없다. 그런데 하물며 덕도 없고 공로도 없는 사람이 제도의 허점을 이용하여 감히 작위와 봉록을 받으려 하는구나!

(제 49권 부자)

―― 國柄(국병): 국가권력
二敎(이교): 작위 · 봉록제도
干(간): 구하다. 취하다.

5

魏文侯問李克曰 :「刑罰之源安生?」對曰 :「生於奸邪淫佚之行也. 凡奸邪之心, 飢寒而起 ; 淫佚者, 文飾之耗. 雕文刻鏤, 害農事者也 ; 文繡纂組, 傷女功者也. 農事害則飢之本, 女功傷則寒之源也. 飢寒並至, 而能不爲奸邪者, 未之有也. 男女飾美以相矜, 而能無淫佚者, 未嘗有也. …… 刑罰之起有源, 人主不塞其本, 而督其末, 傷國之道也.」(卷四十三 說苑)

위문후가 묻고 이극이 답하였다.

「형벌의 근원이 어디에서 생겨난 것입니까?」

이극이 답하였다.

「형벌의 근원은 간사하고 음탕한 행위에 있습니다. 대략 간사한 마음은 춥고 배고픈 것에 원인을 두고 일어나며 음탕한 마음은 과도하게 꾸미고 사치하는 것에서부터 생겨나게 됩니다. 누각을 조각하고 그림을 그려 넣어 장식하느라 농민들을 노역으로 공출하게 되면 농사짓는 일손이 부족하거나 때를 놓치어 생산량이 줄어들고, 수를 놓고 비단 장식물을 많이 만들면 여자들의 본업인 옷감 짜는 일을 방해하게 됩니다. 농사일을 방해하면 굶게 되고 여자들이 옷감 짜는 일을 방해하면 추위에 떨게 됩니다. 이것이 배고픔과 추위의 근원이 되는 것입니다. 그러나 춥고 배고픔이 같이 닥쳐서 극도로 어려워지거나 남녀가 같이 치장하고 공개적으로 즐기게 되면 오히려 간사한 행위나 음탕한 행위가 일어나지 않았습니다. 이렇듯 형벌은 모두 생겨난 근원을 갖고 있습니다. 하지만 군주께서는 뿌리의 근본 원인을 막지 못하고 가지의 끝에 치중하여 형벌을 관리하고 계십니다. 그리되면 국가를 상하게 하는 길로 가게 됩니다.」

(제 43권 설원)

—— **魏文侯**(위문후): 춘추전국시대 위나라 건국자(기원전 445~396년 재위).
李克(이극): 춘추전국시대 위나라 사람으로 자하(子夏)의 제자
文飾(문식): 문양을 아름답게 꾸미다.
文繡(문수): 화려한 수를 놓은 견직물 또는 의복
纂組(찬조): 인장이나 훈장을 매는 적색 리본 끈
督 (독): 관리감독하다.

6

善賞者, 費少而勸多 ; 善罰者, 刑省而姦禁. 善與者, 用約而爲德 ; 善取者, 入多而無怨. 故聖人因民之所善以勸善, 因民之所憎以禁姦. 賞一人而天下趣之 ; 罰一人而天下畏之. 至賞不費, 至刑不濫. 聖人守約而治廣, 此之謂也. (卷三十五 文子)

상을 효과적으로 잘 주는 사람은 비용을 적게 들이면서 원하는 많은 것을 권한다. 벌을 효과적으로 잘 시행하는 사람은 적은 형벌로 나쁜 행동을 금할 수 있다. 선을 베풀 줄 아는 사람은 적은 비용으로 덕을 행한다. 진정으로 부를 취득할 줄 아는 사람은 많이 취득하여도 다른 사람들의 원망을 사지 않는다. 그리하여 성인은 사람들이 좋아하는 것을 상으로 주어 만민을 권선하고 또한 사람들이 가장 싫어하는 것으로 벌을

주어 간사한 것을 금한다.

적은 사람에게 상을 주어 천하를 얻고

적은 사람을 벌하여 천하를 두려워하게 한다.

상을 주어도 낭비하지 않고 벌을 주어도 지나치지 않는다.

성인은 적은 것을 지켜 넓은 것을 다스린다고 하는 것은 이를 두고 하는 말이다. (제 35권 문자)

11
법률(法律)

1

先仁而後法, 先教而後刑, 是治之先後者也. (卷五十 袁子正書)

인을 먼저 행한 후 법을 시행해야 한다. 교화를 먼저 시행한 후 형을 집행해야 한다. 이것이 정치의 전후 순서이다. (제 50권 원자정서)

2

法非從天下, 非從地出, 發於人間, 反己自正也. 誠達其本, 不亂於末；知其要, 不惑於疑；有諸己, 不非諸人；無諸己, 不責於下；所禁於民者, 不行於身. 故人主之制法也, 先以自爲檢戒(戒作式), 故禁勝於身, 卽令行於民矣. (卷三十五 文子)

법은 하늘의 뜻을 따르는 것이 아니다. 땅의 도를 따라 생겨난 것도 아니다. 전적으로 인간에 의하여 만들어진 것이다. 자신을 반성하여 스스로를 바르게 하기 위함이다. 성심을 기울여 그 근본을 통달함으로써 지엽적인 작은 일로 인하여 혼란을 일으키지 않는다. 군주 자신의 잘못을 다른 사람에게 전가하면 안 되고 자신의 잘못이 아니라 해도 아랫사람에게만 책임을 물어서는 안 된다. 따라서 백성에게 하지 못하도록 금한 것은 군주 자신도 해서는 안 된다. 그리하여 군주가 제정한 법은 스스로가 먼저 법도로 지켜 행한다. 금령을 군주 스스로가 지켜 이겨냄으로써 그 영을 백성에게도 지켜 행하도록 한다. (제 35권 문자)

—— 檢戒(검계): 법식, 법도
人主(인주): 군주
勝(승): 이겨내다. 견디다.

3

凡我有官君子, 欽乃攸司, 愼乃出令, 令出惟行, 弗惟反. 以公滅私, 民其允懷. (卷二 尙書)

주나라 성왕이 말하기를

「나는 여러 각 부문의 관리와 책임자 여러분들이 주관하고 있는 업무를 존중하며 모든 면에 신중을 기하여 영을 내린다. 발표된 영은 필히 신속하게 시행하여야 하고 거역할 수 없다. 국가의 영을 시행함에 있어서는 누구에게나 공정해야 하며 조금도 사적인 감정이 있어서는 안 된다. 그래야만 백성들이 이를 받아들일 수 있을 것이다.」라고 하였다.

(제 2권 상서)

—— 欽乃攸司(흠내유사): 여러분이 주관하는 일을 존중하여
允(윤): 받아들이다.

4

《書》曰 : 「與殺不辜, 寧失不經.」 (卷十七 漢書五)

《상서》에서 말하기를

「무고한 사람을 사형에 처하였다. 어쩌면 적용한 법조항조차 법규에 합당하지 않을 수도 있다.」라고 하였다. (제 17권 한서 5집)

—— 寧(녕): 오히려, 어찌 ~이겠는가?
不經(부경): 일반적인 법규에 합당하지 않다.

5

子曰 :「聽訟吾猶人. 必也使無訟乎!」(卷九 論語)

공자가 말하기를

「소송 안건의 심리를 보니 다른 사람과 별 차이가 없다. 무엇보다 소송이 없이 할 수 있다면 그것이 가장 좋겠구나!」라고 하였다. (제 9권 논어)

—— 聽訟(청송): 소송의 심리

12
군사(軍事)

1

聖人之用兵也, 將以利物, 不以害物也 ; 將以救亡, 非以危存也. ……故曰 : 好戰者亡, 忘戰者危. (卷四十七 政要論)

성인이 군대의 병력을 사용하는 것은 나라와 백성을 위한 것이기에 만물에 이롭다. 사용 목적이 그와 같지 않다면 만물에 해를 끼치게 된다. 나라와 백성을 위해서 사용하는 병력은 나라가 망할 위태로운 지경에서 나라와 백성을 구하지만 그렇지 않은 경우의 병력 사용은 나라의 존립을 위태롭게 한다. 고로 전쟁을 좋아하는 자는 망하고 전쟁을 잊은 자는 위험하다. (제 47권 정요론)

2

兵者存亡之機, 一死不可復生也. 故曰 : 天下難事在於兵. (卷五十 袁子正書)

병력을 사용하는 일은 사람의 생사존망이 걸린 중대사이다. 한 번 망하면 회생이 불가능하다. 그래서 말하기를 천하에 가장 어려운 일이 병력을 사용하는 일이다. (제 50권 원자정서)

—— **機**(기): 중대사, 중요한 일

3

兵者不祥之器, 非君子之器. 不得已而用之, 恬惔爲上, 勝而不美. 而美之者, 是樂殺人也. 夫樂殺人者, 則不可以得志於天下矣. 吉事上左, 凶事上右. 偏將軍處左, 上將軍處右, 言以喪禮處之. 殺人衆多, 以悲哀泣之 ; 戰勝則以喪禮處之. (卷三十四 老子)

병기는 상서롭지 못한 물건이다. 군자가 지닐 물건이 아니다. 부득이 사용하는 경우에는 명예나 이익을 탐하지 않는 마음으로 나라를 위해서 사용한다. 승리했다 하여 좋아하며 의기양양하지 않는다. 전쟁을 좋게 생각하는 사람은 살인을 즐긴다는 말이다. 무릇 살인을 즐기는 사람은 하늘의 뜻. 즉, 천명을 얻지 못한다. 좋은 일에는 좌측이 상석이다. 흉사에는 우측이 상석이다. 부장군은 좌측에 자리하고 상장군은 우측에 자리한다. 이것은 상례의 예에 의거한 것이다. 많은 사람이 죽었으니 비통하고 애절하여 흐느껴 운다. 전쟁에 승리하더라도 승전 의식을 상례에 의거하여 치른다. (제 34권 노자)

—— **恬淡**(념담): 세상의 물욕이나 사욕이 없다.
偏將(편장): 부장군. 비장(裨將)과 같은 말

4

師之所處, 荊棘生焉. 大軍之後, 必有凶年. (卷三十四 老子)

군대가 주둔한 곳은 가시덤불밖에 없다.

대군이 돌아 간 후에는 필히 흉년이 닥친다.

전쟁으로 인한 백성들의 곤경을 말하고 있다. (제 35권 노자)

—— 師(사): 군단, 군대

5

十萬之師出, 費日千金. 故百戰百勝, 非善之善者也 ; 不戰而勝, 善之善者也. (卷三十七 尉繚子)

십 만 대군이 출병하여 그 비용이 하루에 일 천금이다. 고로 백전백승이다. 하지만, 이것이 최선은 아닌 것 같다. 전쟁을 치르지 않고 승리하면 그것이 최선이 아니겠는가. (제 37권 위료자)

6

救亂誅暴, 謂之義兵, 兵義者王 ; 敵加於己, 不得已而起者, 謂之應兵, 兵應者勝 ; 爭恨小故, 不勝憤怒者, 謂之忿兵, 兵忿者敗 ; 利人土地貨寶者, 謂之貪兵, 兵貪者破 ; 恃國家之大, 矜民人之衆, 欲見威於敵者, 謂之驕兵, 兵驕者滅. 此五者, 非但人事, 乃天道也. (卷十九 漢書七)

난을 구하고자 살인을 하고 폭력을 휘두르는 것을 의병(義兵)이라 한다. 의로써 싸우는 군대는 왕이 될 수 있다. 적이 국경에 압박하여 들어옴으로 이에 대응하여 일어난 군대를 응병(應兵)이라고 한다. 대응하여 싸우는 군대는 승리한다. 원한이 적어 싸울 이유가 많지 않으나 승리하지 못하면 분노하는 것을 분병(忿兵)이라고 한다. 분병은 패하도록 되어 있다. 다른 사람의 토지나 재물, 보화를 빼앗기 위한 병력을 탐병(貪兵)이라고 한다. 탐병은 많은 것을 파괴한다. 대국에 속해 있으면서 많은 사람에게 자신을 돋보이게 하고 적에게 위세를 나타내고 싶은 군대를 교병(驕兵)이라고 한다. 교병은 멸망한다. 위의 다섯 가지 유형은 비단 사람만의 일로 보기는 어렵다. 모든 것이 하늘의 도를 따르게 될 것이다. (제 19권 한서 7집)

7

故兵者國之大器, 存亡之事, 命在於將也. 先王之所重, 故置將不可不審察也. (卷三十一 六韜)

고로 용병은 국가의 대사로서 국가의 존망을 결정하는 일이다. 그러므로 국가의 명운이 장군에게 달려 있다고 할 수 있다. 선왕은 이 일을 중요하게 다루었다. 그리하여 장군을 임명하는 일은 심사에 숙고를 다하였다. (제 31권 육도)

—— 置(치): 임명하다.

8

太公曰:「將有三禮. 冬日不服裘, 夏日不操扇, 天雨不張蓋幕, 名曰三禮也.」(卷三十一 六韜)

태공이 말하였다.

「장수가 해야 하는 세 가지 예법이 있다. 겨울에는 털옷을 입지 않는다. 여름에는 부채를 들지 않는다. 비올 때는 우산을 받지 않는다. 이를 일컬어 삼례라고 한다.」 윗사람이 솔선수범하니 모두가 이것을 받아들이고 그에 따른다는 말이다. (제 31권 육도)

9

國無九年之蓄, 曰不足 ; 無六年之蓄, 曰急 ; 無三年之蓄, 曰國非其國也. 三年耕必有一年之食, 九年耕必有三年之食. 以三十年之通, 雖有凶旱水溢, 民無菜色, 然後天子食, 日擧以樂. (卷七 禮記)

한 나라가 구 년간의 비상식량을 비축하지 않으면 흉년 등의 유사시를 대비하기에는 부족함이 있다. 육 년간 식량 비축을 하였으면 언제 일이 닥칠까 조마조마한 상태이고, 삼 년간 비축을 하였다면 그 나라는 아직 정상적인 국가라고 할 수가 없다. 삼 년 경작을 하면 일 년의 비상식량을 비축할 수가 있다. 구 년을 경작해서 비축해야 삼 년간의 비상식량이 비축되는 것이다. 최근 삼십 년간을 돌이켜 보면 홍수와 가뭄으로 재해를 입기는 하였으나 백성들이 굶은 기색을 보이지는 않았다. 그것을 확인하고 국왕이 식사를 하였으니 식사하면서 즐겁게 음악을 들을 수 있었을 것이다. (제 7권 예기)

10

視卒如嬰兒, 故可與之赴深谿 ; 視卒如愛子, 故可與之俱死. (卷三十三 孫子)

병사들을 보니 강보에 싸인 아기를 보는 것 같다. 모든 병사가 한꺼번에 위험한 지경에 처할 수 있다. 병사들을 보니 사랑하는 내 아들을 보

는 것 같다. 어떠한 경우라도 저들과 생사를 함께할 것이다. (제 33권 손자)

―― 赴深谿(부심계): 깊은 계곡으로 향하는, 아주 위험한 지경에 이르는
俱(구): 함께

제 5권

인과(因果)

CAUSE AND EFFECT

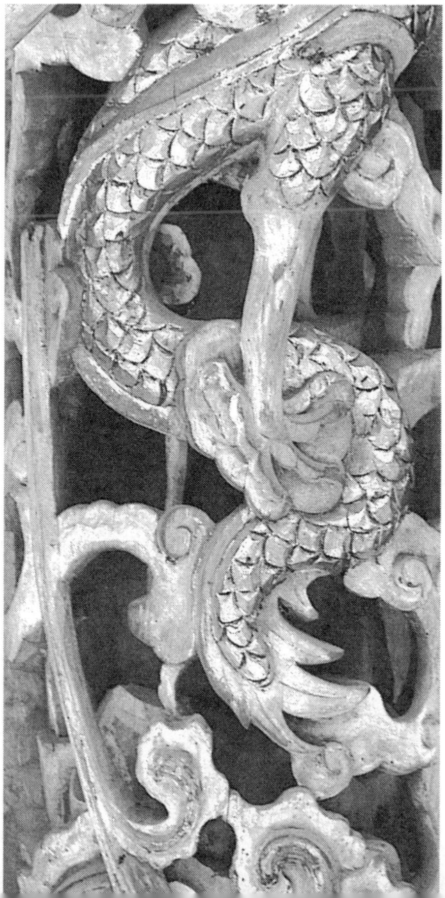

1

경신(敬愼)

1

積善之家, 必有餘慶 ; 積不善之家, 必有餘殃. (卷一 周易)

선행으로 덕을 쌓는 집안은 필히 그 자손들에게 복을 남기게 되고 선행을 하지 않아 덕을 쌓지 못한 집안은 필히 그 자손에게 재앙을 남기게 된다. (제 1권 주역)

2

善不積不足以成名, 惡不積不足以滅身. 小人以小善爲無益而弗爲也, 以小惡爲無傷而弗去也, 故惡積而不可掩, 罪大而不可解也. (卷一 周易)

선행으로 덕을 쌓지 못하면 천하에 명성을 날리기가 어렵고 악행을 저지르지 않아 원한이 쌓이지 않는다면 최소한 자신을 망치지는 않는다. 소인배의 작은 선행은 무익하여 굳이 하지 않아도 괜찮다. 그러나 작은 악행은 다른 사람에게 손상을 끼치는 것이 미미하다고 하더라도 해서는 안 된다. 악이 쌓이면 숨기기가 어렵고 죄가 쌓여 커지면 해결하기가 어렵기 때문이다. (제 1권 주역)

3

夫十圍之木, 始生而如蘖, 足可搔而絶, 手可擢而拔, 據其未生, 先其未形也. 磨礱砥礪, 不見其損, 有時而盡 ; 種樹畜養, 不見其益, 有時而大 ; 積德累行, 不知其善, 有時而用 ; 棄義背理, 不知其惡, 有時而亡. (卷十七 漢書五)

무릇 기둥 두께가 열 뼘 되는 나무도 처음에는 작은 움이 트기 시작함으로써 시작되었다. 발에 부딪쳤으면 잘라졌을 것이며 손으로 잡아도 쉽게 뽑혔을 것이다. 아직은 자리 잡을 만큼 크지 않았고 형태도 갖추기 전이기 때문이다.

돌을 연마할 때 칼에 갈리는 것이 보이지 않지만 시간이 지나고 나면 완전히 연마되었음을 볼 수 있고, 나무를 심고 키우는 것도 조금씩 크는 모양은 볼 수 없지만 시간이 지나고 나면 나무는 크게 자라 있다. 덕을 쌓는 것도 당시에는 좋은 것을 모르지만 때가 되면 그 효용을 알게 된다. 신의를 버리고 도리에 위배되는 행동을 하면 당시에는 그 폐악을 모르지만 시간이 지난 후에는 자신을 망치게 된다. (제 17권 한서 5집)

—— 圍(위): 집게 뼘, 엄지와 검지 손가락의 한 뼘
蘖(얼): 나무를 잘라내고 난 후 죽은 고목나무에서 나오는 움
搔(소): (손톱 같은 것으로)긁다.
擢(탁): 뽑다.
拔(발): 뽑다. 뽑히다.

4

傲不可長, 欲不可從, 志不可滿, 樂不可極. (卷七 禮記)

오만은 오래가지 못하고

욕망은 방종해서는 안 되고

의지는 다 채우려 해서는 안 되고

쾌락은 끝을 보려 해서는 안 된다.

오만은 항상 자신의 힘보다 과장된 행동을 하게 되어 실속이 없으므로 백전백패여서 오래가지 못하고, 욕망은 탐욕과 욕정으로서 시간이 갈수록 사람의 본성을 해치게 된다. 구체적으로는 혼 · 백 · 신명 · 의식 · 정기의 오성(五性)이며 이에 관련된 신체부위는 간, 폐, 심장, 비장, 신장이다. 따라서 욕망을 방임하게 되면 오성을 혼미하게 하여 통제 불능으로 가고 그리되면 신체가 상하게 되고 결국에는 일찍 죽는 원인이 된다.

의지를 품는 것은 자신에게 맞아야 하며 넘치면 몸이 받쳐 주지 못한다. 따라서 다 채우려 하지 말고 적당히 비워서 뼈를 튼튼히 해야 한다. 쾌락은 분노와 마찬가지로 혼백을 잃거나 상하게 하는 것이라서 쾌락을 어느 정도에서 절제해 주지 않으면 몸과 의지가 서로 분리되어 정신 또한 평정심을 잃고 통제 불능으로 돌입한다. 따라서 쾌락은 지나치게 탐닉하지 말고 평소에 정신을 청결하고 고요하게 하여 온전함을 유지하라는 말이다. (제 7권 예기)

—— 從(종): 방종, 縱의 古字

5

蓋明者遠見於未萌, 知者避危於無形, 禍固多藏於隱微, 而發於人之所忽者也. (卷十八 漢書六)

세상을 두루 아는 진정으로 고명한 사람은 일이 일어나기 전에 미리 예견하여 대비하고, 지혜로운 사람은 위험이 모습을 갖추기 전에 이를 피한다.

화는 많은 것들이 가만히 숨어 있다가 사람들이 조심하지 않고 소홀해졌을 때 갑자기 한꺼번에 발생한다. (제 18권 한서 6집)

—— 蓋(개): 발어사. 특별한 의미는 없다.
知(지): 智의 古字, 지혜
藏(장): 藏의 古字, 감춰두다.

6

子曰 :「人而無遠慮, 必有近憂.」(卷九 論語)

공자가 말하였다.

「사람이 먼 앞날을 걱정하지 않을 때 필시 우환은 바로 가까이에 와 있다.」 (제 9권 논어)

7

子曰 :「危者安其位者也, 亡者保其存者也, 亂者有其治者也. 是故君子, 安不忘危, 存不忘亡, 治不忘亂, 是以身安而國家可保也.《易》曰 :『其亡其亡! 繫于苞桑.』」(卷一 周易)

공자가 말하였다.

「나라가 위험한 지경에 이른 것은 군주가 그 자리에만 안주하여 안일한 세월을 보냈기 때문이고 나라가 망하게 된 것은 군주가 나라를 보존하는 데에만 급급하여 장래를 대비하지 못했기 때문이고 나라가 혼란해진 것은 군주가 나라를 다스리는 방식에 문제가 있기 때문이다. 그리하여 군자는 나라가 안전할 때 위험이 온다는 것을 잊지 말고 나라가 존재할 때 망할 수 있다는 것을 잊지 말며 정치를 할 때에도 잘못하게 되면 혼란이 올 수 있다는 것을 잊지 말아야 한다. 이리하면 자신도 안정되어 나라가 오래 보존될 수 있다.」

《역경》에서 말하기를

「망하리라! 망하리라! 무성한 뽕나무 뿌리에 묶어 매어 바람에 쓰러지지 않게 하여라.」라고 하였다. (제 1권 주역)

—— 苞桑(포상): 단단하고 무성한 뽕나무 뿌리

8

禍兮福之所倚, 福兮禍之所伏, 孰知其極? (卷三十四 老子)

화는 복의 옆에 기대어서 오고

복은 화의 밑에 숨어서 온다.

누가 그 절묘함의 끝을 알겠는가?

일이 잘된다하여 옆에 기대고 서 있는 화를 보지 못하고 방종하면 그 화가 나서게 되니 복이 오래가지 못하고, 일이 잘못되어 망했다하여 모든 것을 포기하면 그 화에 숨어서 같이 들어 온 복을 보지 못하고 자포자기하는 우를 범할 수 있으니 가장 좋을 때와 가장 나쁠 때 바른 정신으로 세상을 바로 보라는 말이다.

현재 보이는 것만으로 미래를 속단하지 말고 현재 알고 있는 확신이 미래에도 변함없는 진리가 되지 못함을 깨달아 현명하고도 흔들리지 않는 눈으로 세상을 보라는 교훈이다. (제 34권 노자)

9

「教人曲突遠薪, 固無恩澤 ; 燋頭爛額, 反爲上客.」蓋傷其賤本而貴末, 豈夫獨突薪可以除害哉? ……後世多損於杜塞未萌, 而勤於攻擊已成, 謀臣稀賞, 而鬥士常榮. (卷四十四 桓子新論)

「옛날 한 손님이 화재의 위험에 대한 충고를 해 주었는데 그 당시에 그 말을 하찮게 여겨 불이 났다는 고사에서 보듯이 사람들에게 재난을 미연에 방지하도록 가르침을 주면 굳이 그것을 큰 혜택을 받은 것으로 생각하지 않는다. 더구나 재해를 당하여 큰 곤경에 처하면 옛날에 충고해 준 사람은 잊고 오히려 재난을 당해서 도와준 사람을 소중히 여겨 존중하여 대접한다.」《한서 곽정전》

위에서 하는 말은 애당초 싹이 나오기 전에 미리 막지 않으면 후에 크게 손해 보는 일이 발생한다는 것을 예로 든 것이다. 국가에서도 재난에 미리 대비하여 계획을 세워 강하게 추진하고 또 성과를 보기도 하였다. 그러나 그 일을 계획한 신하가 상을 받는 일도 희박하고 평상시에는 큰 관심을 보이지 않는다. 그래도 이런 투사들은 항상 영광이 있을 것이다.

(제 44권 환자신론)

—— **曲突遠薪**(곡돌원신): 굴뚝을 구부려 주고 땔감을 불에서 멀리 치우지 않으면 화재 위험이 있다고 손님이 충고했는데 이를 듣지 않고 그대로 두었다가 화재를 당했다는 한서 곽광전의 고사

10

玩人喪德, 玩物喪志. (卷二 尙書)

사람들과 노는 것을 좋아하면 재미 위주로 사람들을 만나게 되니 덕을 상실하게 되고, 잡기에 빠지게 되면 자신의 의지대로 움직일 수가 없게 되니 결국에는 의지를 상실하게 된다. (제 2권 상서)

11

箕子者, 紂親戚也. 紂爲象箸, 箕子歎曰 :「彼爲象箸, 必爲玉杯, 爲玉杯, 則必思遠方珍怪之物而御之矣, 輿馬宮室之漸, 自此始, 不可振也.」(卷十一 史記上)

기자는 상나라 마지막 왕인 주왕의 친척인 사람이다. 주왕이 상아로 된 젓가락을 쓰는 것을 보고 탄식하여 말했다.

「그가 상아 젓가락을 쓰니 필시 멀리 가서라도 진귀한 물건을 구할 생각을 하며 이에 몰두할 것이다. 마차와 더불어 궁 안에 사치가 늘어날 것이다. 상아 젓가락으로부터 시작된 군왕의 사치가 앞으로 나라를 다시 일어나지 못하게 할 것이다.」 (제 11권 사기 상편)

12

圖難於其易, 爲大於其細. 天下難事, 必作於易 ; 天下大事, 必作於細. 是以聖人終不爲大, 故能成其大. (卷三十四 老子)

어려운 일을 도모할 때는 아직 이루지 못한 쉬운 일부터 해결해 나가고 큰일을 이루려면 작은 일부터 챙겨 나가야 한다. 천하의 어려운 일들은 모두가 쉬운 일을 잘 해야 비로소 어려운 일이 가능하고, 천하의 큰 일들은 필히 작은 일들을 해결해야 비로소 큰 일이 가능해진다. 그러므로 성인들은 평생 큰일을 하려 하지 않으므로 큰일을 이루게 된다. 세상의 모든 일이 겉보기와는 달리 쉬워 보이는 일이 실제로는 어려움에 직면하게 되고 쉬운 일이 다 챙겨지고 나면 어려워 보이는 일이 오히려 쉽고 빠르게 진행되는 일이 대부분이다. 큰일보다는 작은 일들이 감정이 개입되고 원한이 결부된 경우가 있어 이런 작은 일들이 해결돼야 큰일이 잘 풀린다. 항상 큰 욕심을 부리면 얻는 것이 마음보다 작아지고 많은 것에 욕심을 갖게 되면 상대적으로 결과는 작은 것이 자연의 도리이다. 선입견을 갖고 억지로 추진하는 일이 결코 좋은 결과를 가져올 수 없으니 쉽고 작아 보이는 일을 간과하지 말고 모든 일을 자연의 순리에 따라 차근히 풀어 나가야 한다는 교훈이다. (제 34권 노자)

13

煖曰 :「王獨不聞魏文侯之問扁鵲耶? 曰 :『子昆弟三人, 其孰最善爲醫?』 扁鵲曰 :『長兄最善, 中兄次之, 扁鵲最爲下也.』 文侯曰 :『可得聞耶?』 扁鵲曰 :『長兄於病視神, 未有形而除之, 故名不出於家. 中兄治病, 其在毫毛, 故名不出於閭. 若扁鵲者, 鑱血脈, 投毒藥, 割肌膚, 而名出聞於諸侯.』」(卷三十四 鶡冠子)

방훤이 말하였다.

「대왕께서는 위문호가 편작에게 물어보았다는 대화 내용을 들어 보신 적이 없으십니까? 제가 말씀드릴 테니 들어보십시오.

위문호가 물었습니다.

"삼형제 중 누가 의술이 가장 뛰어납니까?"

편작이 말하였습니다.

"큰형이 제일이고 작은형이 그 다음이며 저는 제일 아래입니다."

위문호가 다시 물었습니다.

"왜 그런지 그 이유를 들을 수 있겠습니까?"

편작이 말했습니다.

"큰형은 병을 진찰하는 면에 있어서는 귀신과 같습니다. 병이 형태를 잡기 전에 찾아내어 치료를 합니다. 그래서 집안에서만 그 사실을 알고 있습니다. 작은형은 병이 아주 작은 증세가 나타날 때 치료를 합니다. 그래서 작은형은 동네 안에서만 이름이 있습니다. 편작은 침으로 혈맥을 통하고 독성 있는 약을 투입하여 배를 가르고 수술을 합니다. 그래서 그 이름이 제후까지 알려져 있습니다."」

실제의 진실은 밖에서 보는 것과는 다를 수 있고 이름이 많이 알려졌다고 해서 꼭 내용도 그와 같은 것은 아닐 수도 있다는 말이다.

(제 34권 할관자)

—— 扁鵲(편작): 춘추전국시대의 의학자

鑱(참): 침을 놓다. 찌르다.

肌膚(기부): 근육과 피부

2

풍속(風俗)

1

衆賢和於朝, 則萬物和於野. 故四海之內, 靡不和寧. (卷十五 漢書三)

중신들은 조정에서 화목하고 만물은 자연에서 조화를 이룬다. 그러하니 세상 어느 곳에서도 화목하고 안녕하지 않은 곳이 없다.

(제 15권 한서 3집)

—— 靡(미): 없다.
四海(사해): 세계

2

故肅恭其心, 愼脩其行. 有罪惡者無徼幸, 無罪過者不憂懼, 請謁無所行, 貨賂無所用, 則民志平矣, 是謂正俗. (卷四十六 申鑒)

고로 마음은 정숙하고 윗사람을 공경하도록 항상 자신을 다그치고 행동에 있어서는 항상 근신하며 덕을 수행하도록 노력한다. 죄악을 저지른 사람은 벌을 피하는 요행을 바라지 않고 죄과가 없는 사람은 걱정하고 두려워할 필요가 없으며 청탁하는 행위가 없어지고 뇌물을 줄 필요가 없으니 백성들의 의지가 평정을 찾게 된다. 백성들의 이러한 마음과 행동의 양태를 가리켜 바른 기풍이라 하여 정속(正俗)이라고 한다.

(제 46권 신감)

—— 徼(요): 통상 僥로 사용
請謁(청알): 청탁
貨賂(화뢰): 뇌물

3

君臣親而有禮, 百僚和而不同, 讓而不爭, 勤而不怨, 無事唯職是司, 此治國之風也. (卷四十六 申鑒)

군신이 서로 친밀하지만 예의 법도를 지키고, 백관이 서로 화목하지만 부화뇌동하지 않으며, 서로 양보하니 다툴 것이 없고, 열심히 일해서 생활하니 다른 사람을 원망할 필요가 없고, 모든 사람이 탈 없이 맡은 바 직분을 관장하니 잘 다스려지고 있는 나라의 기풍이 바로 이러한 것이다.

(제 46권 신감)

—— 無事(무사): 변고 없이, 전쟁 없이

4

古之進者有德有命, 今之進者唯財與力. (卷二十三 後漢書三)

예전에 조정에 들어온 관리들은 덕이 있고 관리의 직책을 천명으로 알고 임하였으나 작금의 관리들은 오직 재력과 세력을 늘리는 것에만 힘을 쏟는다.

(제 23권 후한서 3집)

—— 進(진): 임직, 출사

5

上慢下暴, 盜思伐之矣. 慢藏誨盜, 冶容誨淫. (卷一 周易)

고급 관리들은 오만하고 하급 관리들은 흉포하다. 도적들은 계속 약탈할 궁리만 하고 있다. 부당하게 취득한 재물을 수장하도록 방치하는 것은 도둑을 키우는 일이고 얼굴에 진한 화장을 하도록 놔두는 것은 음란을 조장하는 것이 된다. (제 1권 주역)

—— 誨(회): 유인하다. 조장하다.

6

民之過在於哀死而不愛生, 悔往而不慎來. 善(善作喜)語乎已然, 好爭乎遂事, 墮(墮下有於字)今日而懈於後旬, 如斯以及於老. (卷四十六 中論)

사람들의 잘못은 죽은 사람에게는 애도하면서 살아 있는 사람에게는 애정을 주지 않는다는 것이다. 지나간 일을 후회하면서 앞으로 닥칠 미래에는 신경을 쓰지 않는다.

지나간 일에 대하여 말하길 좋아하고 이미 결정된 일로 서로 다투면서 오늘을 그럭저럭 보내고 내일은 아무 생각 없이 버려둔다. 이렇게 살면서 하루하루 늙어간다. (제 46권 중론)

—— 遂事(수사): 지나간 일, 이미 결정된 일
旬(순): 시간

7

人有六情, 失之則亂, 從之則睦. 故聖王之教其民也, 必因其情, 而節之以禮 ; 必從其欲, 而制之以義. 義簡而備, 禮易而法, 去情不遠, 故民之從命也速. (卷八 韓詩外傳)

사람은 육정을 갖고 있다. 이 육정을 잃게 되면 혼란이 일게 되고 이 육정을 충실히 따르면 모두가 화목해진다. 그리하여 성왕은 이 정을 따르도록 하게끔 백성들을 교화하였다. 필히 육정에 순응하되 예로써 절제하고 필히 그 욕망을 따르되 도의로써 제약하게끔 하였다.

도의는 자연스럽게 갖추어 나가도록 가르치고 예는 예법으로 정하여 이행하도록 하였다. 본시 사람의 정은 서로 멀리 떨어질 수 없는 것이므로 백성들은 쉽게 국가의 법령을 따르게 될 것이다.

(제 8권 한시외전)

—— 六情(육정): 희(喜), 노(怒), 애(愛), 락(樂), 호(好), 오(惡)의 여섯 가지를 말한다. 한시외전에서는 따로 평민들의 육정으로 코는 분향 냄새를 좋아하고 귀는 궁 · 상 음악을 좋아하고 눈은 여색을 좋아하고 입은 맛있는 음식을 좋아하고 사지는 편안히 움직이지 않는 것을 좋아하고 몸은 화려한 수를 놓는 가볍고 따뜻한 옷을 좋아한다고 하였다.

8

今彼有惡而己不見, 無善而己愛之者, 何也? 智不周其惡, 而義不能割其情也. (卷四十七 劉廙政論)

현재 군왕의 주변에서 군왕을 모시는 신하들 중에는 불량한 행실을 보이는 자가 있으나 군왕은 이를 보지 못한다. 행실이 좋지 않은데 군왕은 계속 총애하니 대체 어찌된 연유인가?

군왕은 그들의 나쁜 점에 관하여 전반적으로는 알지도 못하거니와 도의적 기준으로도 그들과 맺어진 정을 한 번에 잘라내지 못하는 것이다. (제 47권 류익정론)

—— 周(주): 두루, 상세히

9

行善者則百姓悅, 行惡者則子孫怨. 是以明者, 可以致遠, 否者以失近. (卷四十 新語)

선행을 베푸는 군주는 백성 모두가 좋아하지만 악행을 저지르는 군주는 자손까지 그 원한이 이어진다. 따라서 현명한 군주가 있는 나라는 그 명성이 먼 곳까지 미쳐 백성들이 귀속되어 살기를 원하고 그렇지 못한 군주는 악명이 드높아 가까운 백성조차 그 나라를 떠나게 된다.

(제 40권 신어)

—— 致(치): 끌어 들이다.

10

我聞忠善以損怨, 不聞作威以防怨. (卷五 春秋左氏傳中)

나는 충성되고 선량한 덕행으로 원한을 줄일 수 있게 되었다는 소리는 들어 보았으나 위세를 키워 원한을 막았다는 말은 들어본 적이 없다.

(제 5권 춘추좌씨전 중편)

11

周公謂魯公曰 :「君子不施其親, 不使大臣怨乎不以. 故舊無大故, 則不棄也. 無求備於一人.」(卷九 論語)

주공이 그의 아들 백금에게 말하였다.

「군자는 자기 친척을 홀대하거나 대신을 임용하지 않아서 원망을 듣게 해서는 안 된다. 그러므로 오래된 신하는 큰 잘못을 저지르지 않는 한 버리면 안 된다. 사람이 완전무결할 수는 없는 법이다.」 (제 9권 논어)

—— 魯公(노공): 주공의 아들. 이름은 伯禽(백금)이다. 애초에 주무왕이 동생인 주공에게 노국을 관리하도록 제후로 봉해졌으나 주공이 주무왕을 돕기 위해 돌아옴에 따라 아들을 대신 보내게 되었다.

以(이): 임용하다의 의미로 해석, 用의 뜻

12

君子所惡乎異者三 : 好生事也, 好生奇也, 好變常也. 好生事則多端而動衆, 好生奇則離道而惑俗, 好變常則輕法而亂度. 故名不貴苟傳, 行不貴苟難. 純德無慝, 其上也 ; 伏而不動, 其次也 ; 動而不行, 行而不遠, 遠而能復, 又其次也 ; 其下遠而已矣(已矣作不近也三字). (卷四十六 申鑒)

군자가 증오하는 서로 다른 세 가지 행위가 있다. 일을 벌이기 좋아하는 것, 기괴한 행동을 좋아하는 것, 정상과 다른 변태의 행위를 좋아하는 것의 세 가지이다.

일을 벌이기를 좋아하면 항상 복잡하고 사람들을 동원하게 된다. 기괴한 행동하기를 좋아하면 도리를 벗어나 풍속을 미혹시킨다. 정상에서 벗어난 행위를 하게 되면 법을 경시하여 행위의 기준이 모호해지므로 사회의 기강이 문란해진다. 그리하여 군자는 명성이 높지 않아도 서두르지 않고 공덕이 알려지지 않아도 그럭저럭 어려움을 헤쳐 나간다. 사악함이 없는 순수한 덕행을 최상으로 생각하고 가만히 엎드려서 움직이지 않는 것을 그 다음으로 생각한다. 마음이 움직여도 행동으로 옮기지 않고 행동으로 옮겨도 도리에 벗어나지 않고 도리에서 벗어난다 해도 바로 제자리로 돌아오는 것.

이것은 그 다음이라 하겠다.

그 아래로는 정도와는 거리가 머니 그만두도록 하겠다. (제 46권 신감)

—— 慝(특): 사악하다.

13

百言百當, 不若舍趣而審仁義也. (卷三十五 文子)

건의하는 말들이 모두 다 그 당위성을 갖고 있으나 그 말이 과연 인·의에 합당한가를 판단해 보는 것이 더 타당하다. (제 35권 문자)

14

故作者不尙其辭麗, 而貴其存道也 ; 不好其巧慧, 而惡其傷義也. (卷四十七 政要論)

고로 작자는 미사여구로 꾸민 화려한 수식을 중요하게 생각하지 않고 거기에 존재하는 도를 더 중시하였다. 원래 기교로 꾸미는 것을 좋아하지 않는데다 도를 정교하고 유식한 언어로 수식하다 보면 자칫 도가

갖고 있는 의를 상하게 할 것을 싫어한 것이다. (제 47권 정요론)

—— 作者(작자): 일에 따라 맞는 문장을 골라 기술하는 사람 또는 예술적인 창작을 하는 사람

3 교훈(教訓)

1

夫君者舟也, 民者水也 ; 水所以載舟, 亦所以覆舟. 君以此思危, 則危可知矣. (卷十 孔子家語)

무릇 군주가 배라면 백성은 물에 비유할 수 있다. 물은 배를 띄우기도 하지만 배를 전복시킬 수도 있다. 군주가 이러한 위험을 생각해 본다면 그 위험이 어떠한 것인지를 바로 알 수 있을 것이다. (제 10권 공자가어)

2

天子之子, 不患不富貴, 不患人不敬畏, 患於驕盈不聞其過, 不知稼穡之艱難耳. 至於甚者, 乃不知名六畜, 可不勉哉! (卷二十九 晉書上)

장차 왕위를 계승할 태자는 장래 부귀를 누리지 못할까를 걱정하거나 사람들이 경외하지 않을 것을 걱정할 필요가 없다. 오히려 교만이 가득 차 나의 과실을 듣지 못하게 될까를 걱정하고 농사짓는 노동이 얼마나 힘이 드는지 모른다는 것을 걱정하라.

더 자세히 말하면 가령 여섯 가지 가축의 이름 정도는 알아 두면 더 좋

지 않겠는가! (제 29권 진서 상편)

―― 驕盈(교영): 오만과 자만
稼穡(가색): 파종과 수확, 농사
六畜(육축): 말, 소, 양, 닭, 개, 돼지

3

孟子曰 :「離婁子(無婁子之子)之明, 公輸子之巧, 不以規矩, 不能成方圓 ; 師曠之聰, 不以六律, 不能正五音 ; 堯舜之道, 不以仁政, 不能平治天下. ……故曰, 徒善不足以爲政, 徒法不能以自行.」(卷三十七 孟子)

맹자가 말하였다.

「이루자의 좋은 시력과 공수자의 세밀한 기술이 있더라도 교정하는 정확한 공구가 없으면 측량 도면을 만들 수 없고 사광이 총명해도 육률의 음계로 음계를 잡아주지 못하면 정확한 다섯 가지 음을 낼 수가 없다. 요순임금과 같은 도덕군자도 인애의 정치를 펴지 않았다면 나라를 태평하게 다스리지 못하였을 것이다. 말뿐인 선행은 바른 정치를 하기에 부족하고 이름뿐인 죽은 법은 이미 시행 능력이 없는 법이다.」

(제 37권 맹자)

―― 離婁子(이루자): 전설로 전해지는 시력이 아주 좋은 사람
公輸子(공수자): 춘추전국시대 노나라의 정교한 솜씨의 장인
規矩(규구): 원형과 사각형을 교정하는 공구
師曠(사광): 춘추시대 진(晋)나라 악사
六律(육율): 황제(黃帝) 고대 시대에 모든 악기의 기준음을 맞추는 데 쓰였던 죽통으로 된 관악기로 내는 음으로 구성. 총 12율로 음 · 양 각각 육율로 나누어져 있다.

4

文王問太公曰 :「君國主民者, 其所以失之者, 何也?」太公曰 :「不愼所與也. 人君有六守三寶. 六守者, 一曰仁, 二曰義, 三曰忠, 四曰信, 五曰勇, 六曰謀, 是謂六守.」文王曰 :「愼擇此六者, 奈何?」太公曰 :「富之而觀其無犯, 貴之而觀其無驕, 付之而觀其無轉(轉作專), 使之而觀其無隱, 危之而觀其無恐, 事之而觀其無窮. 富之而不犯者, 仁也 ; 貴之而不驕者, 義也 ; 付之而不轉者, 忠也 ; 使之而不隱者, 信也 ; 危之而不恐者, 勇也 ; 事之而不窮者, 謀也. 人君愼此六者以爲君用. 君無以三寶借人, 以三寶借人, 則君將失其威. 大農大工大商, 謂之三寶. 六守長則國昌, 三寶完則國安.」(卷三十一 六韜)

주나라 문왕이 묻고 강태공이 답하였다.

「군주가 국가를 다스리고 백성은 국가의 주인인데 국가를 잃는 것은 이유가 무엇입니까?」

강태공이 말하였다.

「신중하지 못한 탓입니다. 국가를 보존하기 위해서는 육수 · 삼보를 유념해야 합니다. 육수(六守)」는 1. 인(仁) 2. 의(義) 3. 충(忠) 4. 신(信) 5. 용(勇) 6. 모(謨)의 여섯 가지입니다.」

문왕이 말하였다.

「이 여섯 가지를 신중히 선택하여 어찌한단 말입니까?」

강태공이 말하였다.

「부를 갖고 있는 사람이면 그가 법을 어긴 일이 있는가를 관찰하고 지위가 높은 존귀한 사람이면 교만한 점이 있는가를 관찰하고 권한을 부여했을 때 그 범주를 넘어서 전권을 휘두르지 않는가를 관찰하고 업무를 처리할 때 허위와 사기로 은닉하는 것이 없는가를 관찰하며 위급한 상황에서 일처리를 두려워하여 실행하지 못하는가를 관찰하고 일의 특성에 따라 끊임없이 그에 대응하여 변화할 수 있는 능력을 갖고 있는가를 관찰합니다. 부자이면서 법을 어기지 않는 자는 인의 소유자이며, 높은 신분이면서 교만하지 않는 자는 의를 갖추고 있는 것이고, 권한을 부여 받고 마음대로 전횡하지 않은 자는 충의 소유자이고, 업무 처리 시 숨기는 것이 없는 자는 신의 소유자이며, 위급시 겁을 먹지 않는 자는 용의 소유자이고, 일처리에 적응 능력이 무궁한 자는 모략의 소유자입니다. 이 여섯 가지를 잘 관찰하여 육수에 적합한 인재를 찾아 임용해야 합니다. 또한 군주는 세 가지 보물을 다른 사람에게 빌려 주어서는 안 됩니다. 일단 삼보를 다른 사람에게 주고 손을 떼게 되면 군주는 장차 쇠멸하게 됩니다. 대농(大農), 대공(大工), 대상(大商). 이 세 가지가 바로 삼보(三寶)라고 합니다. 육수가 장기간 시행되어 국가의 인재가 충만하면 국가가 번창하게 되고 삼보 정책이 완비되면 국가는 안전하게 됩니다.」 (제 31권 육도)

5

景公問晏子曰 :「臨國蒞民, 所患何也?」 對曰 :「所患者三 : 忠臣不信, 一患也 ; 信臣不忠, 二患也 ; 君臣異心, 三患也. 是以明君居上, 無忠而不信, 無信而不忠者, 是故君臣無獄(無獄作同欲), 而百姓無恐(恐作怨)也.」 (卷三十三 晏子)

경공이 안자에게 묻고 안자가 답하였다.

「국가 정사에 임하여 백성의 상황을 직접 대하게 되니 어떤 면을 먼저 걱정해야 하겠습니까?」

안자가 대답하였다.

「걱정할 것이 세 가지 있습니다. 충신을 신임하지 못하는 것이 첫 번째 걱정이고, 신임하는 신하가 충성을 하지 않는 것이 두 번째 걱정이며, 군왕과 신하가 서로 다른 마음을 갖는 것이 세 번째 걱정입니다. 그리하여 현명한 왕은 항상 높은 자리에 있습니다. 높은 자리에 있으면 신하를 가까이에서 만나기가 어렵습니다. 그래서 직접 충성하는 신하가 없으니 신임하지 않게 되고 신임하지 않으니 충성을 하지 않게 됩니다. 그러므로 군왕과 신하가 서로 다른 나쁜 마음을 갖지 않게 되니 백성도 왕을 원망할 일이 없게 됩니다.」 (제 33권 안자)

—— **臨國**(임국): 정치에 임하여 국가를 다스리는 것, 치리국사

6

子墨子曰 :「國有七患. 七患者何? 城郭溝池不可守, 而治宮室, 一患也 ; 邊國至境, 四鄰莫救, 二患也 ; 先盡民力無用之功, 賞賜無能之人, 三患也 ; 仕者持祿, 遊者憂佼(佼作反), 君脩法討臣, 臣慴而不敢咈, 四患也 ; 君自以爲聖智, 而不問事, 自以爲安強而無守備, 五患也 ; 所信者不忠, 所忠者不信, 六患也 ; 蓄種菽粟, 不足以食之, 大臣不足以事之, 賞賜不能喜, 誅罰不能威, 七患也. 以七患居國, 必無社稷 ; 以七患守城, 敵至國傾. 七患之所當, 國必有殃.」(卷三十四 墨子)

묵자가 말하였다.

「나라에 일곱 가지 우환이 있다. 일곱 가지 우환이 어떤 것인가 하면

첫째: 성곽의 연못을 지키지 못하니 모두가 궁 안으로 들어오는 것.

둘째: 변경의 국경을 압박해도 이웃나라들이 돕지를 않는 것.

셋째: 백성을 동원하여 쓸 데 없는 곳에 모두 허비하고 무능력한 사람에게 상을 내리는 것.

넷째: 관리들은 봉록을 받아 생활하지만 수학하는 선비들은 다니며 사교 모임 갖기를 좋아한다. 그리하여 군주가 이를 붕당 결성으로 걱정하여 법을 수정해 엄한 징계를 신하와 상의하니 신하들은 무서워서 감히 간하거나 진언을 올리지 않는 것.

다섯째: 군주 스스로가 지혜가 많다고 자만하여 자문을 구하지 않으며 자신의 힘을 믿고 방비책도 강구하지 않는 것.

여섯째: 충성하는 신하는 신임하지 않고 충성하지 않는 신하는 신임하는 것.

일곱째: 식량이 부족하여 신하들도 일을 보기 어렵고 상을 줘서 기쁘게 해줄 수도 없고 벌을 주어 위협하지도 못하는 것.」

이 일곱 가지 우환이 나라에 있으면 사직을 보전할 수 없다. 일곱 가지 우환을 지닌 채로 적이 침입하면 나라가 기우는 것을 막기 어렵다. 일곱 가지 우환이 있는 나라는 어느 나라건 필히 재앙을 면치 못한다.

(제 34권 묵자)

—— 城郭(성곽): 성 담장. 안쪽과 바깥쪽으로 쌓았음.
溝池(구지): 성의 안쪽과 바깥쪽 중간에 만들어 놓은 인공 연못
佼(교): 사적인 모임으로 서로 만나는 것을 좋아하는 것.
懾(섭): 무섭고 두려워하다.
咈(불): 위배되다.

7

十過：一曰, 行小忠, 則大忠之賊也. 二曰, 顧小利, 則大利之殘也. 三曰, 行僻自用, 無禮諸侯, 則亡身之至也. 四曰, 不務聽治, 而好五音, 則窮身之事也. 五曰, 貪愎喜利, 則滅國殺身之本也. 六曰, 耽於女樂, 不顧國政, 則亡國之禍也. 七曰, 離內遠遊, 忽於諫士, 則危身之道也. 八曰, 過而不聽於忠臣, 而獨行其意, 則滅高名, 爲人笑之始也. 九曰, 內不量力, 外恃諸侯, 則削國之患也. 十曰, 國小無禮, 不用諫臣, 則絶世之勢也. (卷四十 韓子)

군주의 열 가지 과실은 다음과 같다.

1. 사적인 사람 간의 작은 충성을 중시하여 국가적인 큰 충성을 알아보지 못하는 일
2. 눈앞의 작은 이익에 미련을 두어 큰 이익을 해치게 하는 일
3. 행동이 괴팍하여 자기 마음대로 함으로써 제후에게 결례를 하여 자신을 망치게 하는 일
4. 정무에 힘쓰지 않고 음악을 즐기며 소일하다 스스로 난관에 봉착하는 일
5. 고집스럽게 탐욕하고 이익을 추구하니 자신을 망치고 나라를 망하게 하는 일
6. 여자와 놀기를 좋아하고 국정에 소홀하니 나라가 망할 화근을 만드는 일
7. 조정을 자주 비우고 외유하며 신하들의 간언을 소홀히 하여 자신을 위험에 빠뜨리는 일
8. 충신의 말을 듣지 않고 자기 생각대로 행동하여 명성은 땅에 떨어지고 세인의 웃음거리가 되는 일

9. 나라의 내부 역량을 키우려 하지 않고 외부의 제후들에게 의지하여 나라를 깎아 먹는 일
10. 나라가 무력하면서도 무례하고 신하의 간언도 듣지 않아 결국 대가 끊길 형국을 조성하는 일 (제 40권 한자)

8

亡國之主必(必下有自字)驕, 必自智, 必輕物. (卷三十九 呂氏春秋)

망하는 나라의 군주는 대부분 스스로 교만하고 스스로 가장 똑똑하며 세상의 모든 사람을 가볍게 여긴다. (제 39권 여씨춘추)

—— 物(물): 많은 사람들

9

故禮煩則不莊, 業衆則無功, 令苛則不聽, 禁多則不行. (卷三十九 呂氏春秋)

예가 너무 번거로우면 단정하면서도 웅장한 맛이 없고 사업을 하는데 사람이 너무 많으면 공이 나타나지 않듯이 나라의 영이 너무 가혹하면 백성들이 이를 들으려 하지 않고 나라에 못하도록 금하는 것이 너무 많으면 백성들이 이를 이행하려 하지 않는다. (제 39권 여씨춘추)

10

鳥窮則啄, 獸窮則攫, 人窮則詐, 馬窮則逸. 自古及今, 未有窮其下而能無危者也. (卷十 孔子家語)

새도 궁지에 몰리면 입으로 쪼면서 대들고 짐승도 궁지에 몰리면 아무 것이나 후려치면서 대든다. 사람이 궁지에 몰리면 남을 속여서라도 궁지를 피하려하고 말이 궁지에 몰리면 어디든 도망가려 한다. 예부터 지금에 이르기까지 모든 일은 도망 갈 구멍을 열어 두지 않고 끝까지 몰아 부치면 예기치 않은 위험을 당할 수 있다. (제 10권 공자가어)

—— 窮(궁): 궁지에 몰리다.
啄(탁): 부리로 쪼다.
攫(확): 움켜쥐다.

11

孔子曰 :「君子有三戒 : 少之時, 血氣未定, 戒之在色 ; 及其壯也, 血氣方剛, 戒之在鬥 ; 及其老也, 血氣既衰, 戒之在得.」(卷九 論語)

공자가 말하였다.

「군자가 일생을 살면서 세 차례 경계할 것이 있다.

1. 소년기에는 혈기가 일정한 수준에까지 도달하지 못하였음으로 여자와의 관계를 조심해야 한다.
2. 장년에 이르러서는 그 혈기가 왕성하여 다른 사람과의 다툼을 경계해야 한다. 자칫 일을 그르치고 몸을 다칠 수 있다.
3. 노년에 이르러서는 혈기가 이미 쇠하여 체력과 정신력이 감퇴한 상태이니 이익을 탐하는 것이 지나쳐 심신을 망치게 되는 것을

경계해야 한다.」 (제 9권 논어)

12

古人闔棺之日, 然後誄行, 不以前善沒後惡也. (卷二十九 晉書上)

옛날 사람들은 합관하는 날 관을 덮은 후에 죽은 사람이 지난날 행한 좋은 일들을 서술하여 애도를 표하였다. 이것은 이전에 행한 좋은 일로 그 후에 자행한 모든 악행을 덮어 버리는 것이다. (제 29권 진서 상편)

—— 誄(뢰): 죽은 사람의 사적을 서술하여 애도를 표시하다.
沒(몰): 덮어서 가리다.

13

君子有三鑒：鑒乎前, 鑒乎人, 鑒乎鏡. 前惟訓, 人惟賢, 鏡惟明. (卷四十六 申鑒)

군자는 비춰볼 것이 세 가지 있다. 지나 간 일을 비춰 보아야 하고, 다른 사람을 비춰 보아야 하고 거울에 자신을 비춰 보아야 한다. 지나간 과거를 비춰보는 일은 지나간 사실이 반복되는 것을 진리로 삼아 교훈을 얻고, 다른 사람의 언행을 비춰 봄으로써 모르는 것을 배우고 옳고 그름을 판단하여 현명함을 얻고, 마지막으로 거울에 비친 내 자신을 보고는 깨달음을 얻어야한다. (제 46권 신감)

14

位也者, 立德之機也 ; 勢也者, 行義之杼也. 聖人蹈機握杼, 織成天地之化, 使萬物順焉, 人倫正焉. (卷四十六 中論)

군자에게 직위는 덕을 세울 수 있는 기회이고 권세를 잡은 것은 의를 행할 수 있는 가장 중요한 공구를 손에 잡은 것과 같다. 성인은 베틀에 앉아서 덕을 세울 수 있는 기회의 발판을 발로 밟고 의를 행할 수 있는 북을 손에 잡고서 교화라는 이름의 천을 짠다. 이리하여 천지 만민이 아름답게 교화되고 만물은 순리에 따라 화목해지고 인륜은 바로 서게 된다. (제 46권 중론)

—— **機**(기): 직포를 짜는 기계, 베틀
杼(저): 베틀의 몸, 북

15

故聖人深居以避害, 靜默以待時. 小人不知禍福之門, 動作(無作字)而陷於刑, 雖曲爲之備, 不足以全身. (卷三十五 文子)

고로 성인은 깊은 곳에 은거하여 재난을 피하며 묵묵히 적당한 때를 기다린다. 소인은 화와 복의 문이 어디인지 모른다. 움직여 돌아다니다 보면 형법의 함정에 빠지기 쉽다. 비록 여러 곳을 살펴 준비해 보지만 자신의 앞날을 보전하기가 쉽지 않다. (제 35권 문자)

—— **曲**(곡): 여러 방면에

16

子曰 :「君子安其身而後動, 易其心而後語, 定其交而後求. 君子修此三者, 故全也.」(卷一 周易)

공자가 말하였다.

「군자는 우선 자신의 몸을 안정시킨 후 행동을 하고 자신이 평이한 마음으로 진정되었을 때 말을 하며 다른 사람과는 교분이 정립된 후에라야 비로소 도움을 구할 수 있다. 군자는 이 세 가지를 지켜야한다. 그래야 안전하다.」 (제 1권 주역)

17

孔子曰 :「君子有九思 : 視思明, 聽思聰, 色思溫, 貌思恭, 言思忠, 事思敬, 疑思問, 忿思難, 見得思義.」(卷九 論語)

공자가 말하였다.

「군자는 심사숙고해야 할 구사(九思)가 있다.

1. 볼 때는 명확하게 보아야 한다는 것을 잊지 마라.
2. 들을 때는 이해를 정확하게 하였는지를 확인하는 것을 잊지 마라.
3. 얼굴빛은 항상 온화한 기운을 잃지 않았는가를 확인함을 잊지 마라.
4. 용모와 태도는 항상 남을 공경하는 자세로 겸손함을 잊지 마라.
5. 말은 항상 충직하여 믿음을 잃지 않도록 함을 잊지 마라.
6. 일을 할 때는 진지하고 신중하게 책임을 다 했는가를 잊지 마라.
7. 의문이 있을 시에는 지나치지 말고 물어봐서 문제를 해결함을 잊

지 마라.

8. 분노를 느낄 때에는 차후에 곤란한 상황에 처하게 될 것을 먼저 생각해야 함을 잊지 마라.
9. 이득을 취하게 될 상황이 되면 의를 저버림이 있지 않을까를 심사숙고해야 함을 잊지 말아야 한다.」 (제 9권 논어)

18

君子博學而淺(大戴禮淺作孱)守之, 微言而篤行之. 行欲先人, 言欲後人, 見利思辱, 見難思詬, 嗜欲思恥, 忿怒思患, 君子終身守此戰戰也. (卷三十五 曾子)

군자는 박학다식한 실력을 갖추었어도 미천한 지식을 가진 것과 같은 자세를 고수하고 말수는 적게 하고 배운 것을 오로지 실천하는 데에만 전념하여야 한다.

행동은 다른 사람보다 앞서 하고 말은 다른 사람보다 후에 해야 한다. 이익이 되는 일을 보면 후에 욕되는 일이 없을까를 먼저 생각하고 어려운 일에 직면하면 진퇴를 잘 결정하여 후에 욕먹는 일이 없도록 하고 즐기고 싶은 마음이 일어날 때는 후에 수치스러운 일이 될 것인가를 생각하고 분노가 일어날 때는 후에 화가 닥칠 수 있는가를 생각해 보아야 한다. 군자는 평생을 이와 같이 전전긍긍하는 사람처럼 이러한 원칙을 지키면서 살아가야 한다. (제 35권 증자)

—— **篤行**(독행): 오로지 실행에만 전념한다.

19

子曰 :「君子欲訥於言, 而敏於行.」(卷九 論語)

공자가 말하였다.

「군자는 스스로 입이 무거운 것을 좋아하고 행동은 민첩한 것을 좋아해야 한다.」 (제 9권 논어)

20

凡事豫則立, 不豫則廢. 言前定則不跲, 事前定則不困, 行前定則不疚, 道前定則不窮. (卷十 孔子家語)

무릇 일이란 사전부터 준비를 잘해 나가면 성립이 되고 사전에 준비 없이 버려두면 폐기된다. 말할 것을 미리 정하면 말이 주저함이 없이 순조로우며 일할 것을 미리 정하면 닥쳐서 곤란해지지 않으며 행동하기 전에 계획을 정하면 후회할 일이 없으며 어찌하면 도의에 합당할까를 미리 정하면 궁색할 일이 없을 것이다. (제 10권 공자가어)

—— 跲(겁): 걸려 넘어지다. 말이 중간에 끊어져 잇지 못하고 머뭇거리다.

疚(구): 오래가는 병, 잘못을 내심 괴로워하는 것.

21

子夏爲莒父宰, 問政. 子曰 :「毋欲速, 毋見小利. 欲速則不達, 見小利則大事不成.」(卷九 論語)

자하가 여부현의 현령으로 부임해 있을 때 정사에 관해 물었다. 공자가 답하였다.

「서두르지 말고 작은 이득에 연연하지 마라. 빨리 이루려 하면 아예 도달하지 못할 수 있고 작은 이익에 머무르면 큰 이익을 이룰 수 없다.」

(제 9권 논어)

—— 莒父(거부): 노나라의 현 이름

4
사정(邪正)

1

子曰 :「君子和而不同, 小人同而不和.」(卷九 論語)

공자가 말하였다.

「군자는 어디서 어떤 사람과도 잘 조화를 이루나 자신을 지켜 그들과 같아지지 않고, 소인배는 어디서 어떤 사람과도 같은 사람이 되지만 항상 자기 이익을 차리려 함에 그들과 조화를 이루기 어렵다.」(제 9권 논어)

2

子曰 :「君子成人之美, 不成人之惡. 小人反是.」(卷九 論語)

공자가 말하였다.

「군자는 다른 사람의 장점을 찾아 말하려 하지 다른 사람의 단점을 들추어 말을 만들려고 하지 않는다. 소인배는 그와 반대이다.」

(제 9권 논어)

—— 美(미): 장점, 좋은 점

3

君子掩人之過以長善, 小人毁人之善以爲功. (卷四十八 體論)

군자는 다른 사람의 잘못을 가려 주는 것이 좋은 일이라 생각하여 그리하지만 소인은 다른 사람이 잘한 일을 폄하함으로써 남을 훼손한 만큼 자신의 공업이 올라간다 생각하여 그리 행동한다. (제 49권 체론)

4

子貢曰 :「君子亦有惡乎?」子曰 :「有惡. 惡稱人惡者, 惡居下流而訕上者, 惡勇而無禮者, 惡果敢而窒者.」(卷九 論語)

자공이 말하였다.

「군자도 싫어하는 사람이 있습니까?」

공자가 말하였다.

「싫어하는 사람이 있다. 다른 사람의 나쁜 점을 말하기 좋아하는 사람을 싫어하고, 낮은 신분에 있으면서 높은 사람들을 뒤에서 훼손하고 비방하는 사람을 싫어하고, 용감하지만 예의를 지키지 않아 윗사람을 범하기 쉬운 사람을 싫어하고, 과감하지만 앞뒤가 꽉 막혀서 말이 통하지 않고 일을 망치는 사람을 싫어한다.」 (제 9권 논어)

—— 訕(산): 헐뜯고 비방하다.
窒(질): 막혀서 통하지 않다.

5

君子心有所定, 計有所守 ; 智不務多, 務行其所知 ; 行不務多, 務審其所由 ; 安之若性, 行之如不及. 小人則不然, 心不在乎道義之經, 口不吐乎訓誥之言, 不擇賢以託身, 不力行以自定, 隨轉如流, 不知所執. (卷四十八 體論)

군자는 일단 마음을 정하면 변함이 없고 계획을 세우면 이를 준수한다. 많이 알고자 애쓰기 보다는 아는 것을 실행하려는데 힘쓰며, 많은 것을 행하려 하지는 않지만 행하려 하는 것에는 합당한 이유가 있고, 천성이 편안한 것처럼 보이지만 행동은 어딘가 못 미치는 듯 모자라 보인다. 소인은 그러하지가 않다. 도와 의를 가르치는 경전에는 전혀 마음을 두지 않으며, 성현의 가르침이나 교훈의 말씀을 입에 담기조차 싫어하고 현인에게 몸을 의탁해 배우려 하지 않고 자기 마음을 안정시켜 도와 의를 행하려고 노력하지 않는다.

이렇게 물결치는 대로 이리저리 휩쓸리니 자신이 무엇을 해야 할 지도 모른다. (제 48권 체론)

—— 務(무): 추구하다. 힘쓰다.
訓誥(훈고): 훈계하여 인도하거나 행동을 조심할 것을 고계하는 성현의 말씀

6

君以世俗之所譽者爲賢智, 以世俗之所毁者爲不肖, 則多黨者進, 少黨者退, 是以群邪比周而蔽賢, 忠臣死於無罪, 邪臣以虛譽取爵位, 是以世亂愈甚, 故其國不免於危亡. (卷三十一 六韜)

군주는 세속에서 이름이 알려진 사람을 현명하고 지혜가 있는 사람이라 판단하고 세상에 알려지지 않고 묻혀 있는 사람은 못난 사람으로 생각한다. 따라서 다수당에 속해 있는 사람은 관리로 진출하고 소수당에 속한 사람은 물러나게 된다. 그리하여 사악한 사람들이 한패가 되어 같은 당 사람을 구제하고 현인을 매몰시킨다. 충신이 죄 없이 죽게 되고 사악한 신하는 과대평가되어 그 명예로 관직을 하사 받는다. 그러하니 세상은 갈수록 혼란해진다. 이러한 나라는 위험에 처하여 망국을 면치 못할 것이다. (제 31권 육도)

—— 比周(비주): 서로 결당하여 사당화하다의 뜻. 周는 여기서 잘 사귄다는 뜻임.

7

《黃石公記》曰 :「柔能制剛, 弱能制强.」柔者德也, 剛者賊也. 弱者仁之助也, 强者怨之歸也. 舍近謀遠者, 勞而無功 ; 舍遠謀近者, 逸而有終. 逸政多忠臣, 勞政多亂民. 故曰, 務廣地者荒, 務廣德者强. 有其有者安, 貪人有者殘. 殘滅之政, 雖成必敗. (卷二十一 後漢書一)

《황석공기》에서 말하였다.

「여린 것은 벼린 것을 극복할 수 있고, 약한 것은 강한 것을 제압할 수 있다.」

여린 것은 덕이라 말할 수 있고 벼린 것은 도적의 해악이라 할 수 있다. 약한 것은 인의 덕으로부터 도움을 받으며 강한 것은 원한을 사도록 되어있다. 가까운 것을 버리고 먼 것을 찾는 사람은 애를 써도 공이 없으나 먼 것을 버리고 가까운 것에서 답을 구하는 사람은 편안하면서

도 그 결과가 있다. 편안한 정치는 많은 충신을 두게 되지만 피곤한 정치는 백성에게 많은 혼란을 안겨다 준다.

다시 말해서 사방을 돌아다니며 분주했던 군주는 황량하여 남은 것이 없으나 널리 덕을 행한 군주는 나라를 강건하게 하였다. 이러한 도리를 알고 있는 군주는 안전하고 다른 사람의 것을 탐내는 군주는 쇠잔한다. 쇠잔하고 마침내는 멸망하는 그러한 정치는 비록 일시적으로 성공하는 듯 보일 수도 있으나 결국에는 필히 패망하고 만다.

(제 21권 후한서 1집)

—— 黃石公記(황석공기): 황석공삼략이라고도 한다. 중국 고대 병서인 무경칠서(武經七書)중의 하나. 진나라 말기 황석공저서
賊(적): 도적의 해악
逸政(일정): 백성들을 안락하게 하고 생업에 종사하게 하는 정치
勞政(노정): 노역이 빈번한 힘들고 고통스러운 정치

8

子曰:「五刑之屬三千, 而罪莫大於不孝. 要君者無上, 非聖人者無法, 非孝者無親. 此大亂之道也.」(卷九 孝經)

공자가 말하였다.

「다섯 가지 형법에 삼천 가지 정도의 판례가 있다. 그 중 많은 부분이 부모님에 대한 불효의 죄이다. 군자를 협박하려는 자는 윗사람을 공경하지 않고, 성인을 욕하는 사람은 법을 준수하지 않으며 효를 중시하지 않는 자는 부모를 봉양하지 않는다. 이렇게 되면 국가의 도가 실종되는 대혼란이 올 것이다.」

(제 9권 효경)

—— 要(요): 협박하다의 뜻
非(비): 욕하고 비난하다. 비꼬다.

9

上下交征利而國危矣. (卷三十七 孟子)

군왕과 백성, 위아래 모두가 자신에게 이익 되는 것만 생각한다면 나라는 위험에 처하게 된다. 재난이 닥쳤을 때 헌신과 희생이 없으면 이를 극복해 내기가 힘들다는 말이다. (제 37권 맹자)

10

哀公問於孔子曰 :「寡人聞之, 東益不祥, 信有之乎?」孔子曰 :「不祥有五, 而東益不與焉. 夫損人而自益, 身之不祥也 ; 棄老而取幼, 家之不祥也 ; 釋賢而用不肖, 國之不祥也 ; 老者不教, 幼者不學, 俗之不祥也 ; 聖人伏匿, 愚者擅權, 天下不祥也. 故不祥有五, 而東益不與焉.」(卷十 孔子家語)

애공이 묻고 공자가 답하였다.

「과인이 들으니 동쪽을 넓히는 것이 상서롭지 못하다고 들었는데 그 말이 정말입니까?」

공자가 말하였다.

「상서롭지 못한 일에는 다섯 가지를 들 수가 있는데 동쪽으로 늘리는 일은 이에 해당하지 않습니다. 무릇 다른 사람에게 손해를 끼쳐서 나의 득이 되도록 하는 것은 개인의 상서롭지 못한 짓이고, 노인을 버리고 아이를 챙기는 일은 가정의 불상사이며, 현명하고 덕이 있는 현인을 버리고 불초한 어리석은 자를 임용하는 것은 국가의 불상사이고, 나이 먹은 사람이 아랫사람을 가르치지 않고 어린 사람들이 공부하지 않으면 이것은 사회풍속의 불상사입니다. 또한 성인은 숨어서 보이지 않고 우매한 자가 설쳐 권력을 휘두르면 이것은 천하의 불상사입니다. 고로 이 다섯 가지가 불상사인데 동쪽 확장의 일은 이에 해당하지 않습니다.」

(제 10권 공자가어)

—— 益(익): 증가하다.
信(신): 확실하다.
與(여): 그 안에 들어있다는 뜻
釋(석): 폐기하다. 방기하다.
伏匿(복닉): 숨다. 숨어 지내다.

11

賢者狎而敬之, 畏而愛之. 愛而知其惡, 憎而知其善. (卷七 禮記)

현명하고 덕이 있는 현인은 친해져도 예의를 갖추어 공경한다. 마음으로 승복하면 흠모하여 그 마음을 간직한다. 좋아하는 사람에게도 내가 싫어하는 점이 있다는 것을 알게 되고 증오하는 사람에게도 좋은 점이 있다는 것을 알게 된다. (제 7권 예기)

12

子曰 :「君子泰而不驕, 小人驕而不泰.」(卷九 論語)

공자가 말하였다.

「군자는 항상 편안하고 교만하지 않은 반면에, 소인은 항상 교만하면서 편안하지가 않다.」 (제 9권 논어)

—— 泰(태): 안녕하다. 편안하다.

13

子曰 :「君子不以言擧人, 不以人廢言.」(卷九 論語)

공자가 말하였다.

「군자는 말을 잘한다고 하여 그 사람을 훌륭한 사람으로 천거해서는 안 되고, 수준이 떨어지는 사람이라 생각되어 그 사람의 도리에 맞는 말까지 묵살해서는 안 된다.」 (제 9권 논어)

—— 廢(폐): 폐기하다. 없애버리다.

14

得十良馬, 不如得一伯樂 ; 得十利劍, 不如得一歐冶. 多得善物, 不如少得能知物. 知物者之致善珍, 珍益廣, 非特止於十也. (卷四十四 桓子新論)

열 필의 좋은 말을 얻는 것이 말에 달통한 백악 한 사람을 얻는 것만 못하고, 열 자루의 검을 얻는 것이 검을 만드는 명장인 구야를 얻는 것만 못할 것이다. 좋은 물품을 많이 취득하는 것은 좋은 일이지만 이것은 적더라도 물품에 관하여 많은 지식을 갖고 있는 인재를 얻는 것만 못할 것이다. 물품에 관하여 많은 지식을 갖고 있는 사람은 진귀한 물건을 쉽게 구할 수 있으므로 이들을 모은다면 이러한 물건들은 계속 늘어나서 일반 사람의 열 배는 모을 수 있을 것이다.

눈앞에 보이는 작은 이익만 추구하는 것을 경계하고 인재의 중요성을 강조한 말이다. (제 44권 환자신론)

—— 伯樂(백악): 춘추시대에 말을 잘 다루기로 유명한 사람
歐冶(구야): 춘추시대에 검을 가장 잘 만드는 장인

15

傳曰 :「不知其子, 視其友 ; 不知其君, 視其左右.」靡而已矣! (卷三十八 孫卿子)

예로부터 전해 내려오는 말로는

「아들을 알지 못하면 그 친구를 보고 군주에 관하여 아는 바가 없으면 그 좌우의 신하를 보면 알 수 있다.」하였다. 같이 있다 보면 다 비슷해지는 법이다! (제 38권 손경자)

—— 靡(미): 아주 조금씩 물드는 것. 비슷해지는 것.

16

孟子曰 :「仁之勝不仁也, 猶水之勝火也. 今之爲仁者, 猶以一杯水, 救一車薪之火也, 不息則謂水不勝火者, 此與於不仁之甚者也.」(卷三十七 孟子)

맹자가 말하였다.

「인은 인이 아닌 것을 이기는데 말하자면 물이 불을 이기는 것과 같다.」지금 인의 덕을 실천하고 있는 사람이 한 잔의 물로 한 수레의 장작불이 꺼지도록 물을 부어 보자. 물은 금세 없어지고 불은 그대로이다. 이것을 보고 사람들은 물이 불을 이기지 못했다고 말할 것이다. 다시 말해서 이것은 그 사람이 행하는 인의 덕이 크지 않다는 말이다.

분명히 인은 세상의 모든 것보다 강하고 그들을 제압할 수 있으나 진정으로 행하지 않으면 한 잔의 물처럼 힘이 미약할 수 있다는 말이다.

(제 37권 맹자)

—— 薪之火(신지화): 한 수레의 장작을 불 붙인 것.

17

將叛者其辭慚；中心疑者其辭枝；吉人之辭寡；躁人之辭多； 誣善之人, 其辭游；失其守者, 其辭屈. (卷一 周易)

배반할 사람은 그 말에 부끄러움이 담겨있고, 심중에 의혹이 있는 사람은 마음이 고정되지 않아 잔가지처럼 말이 왔다 갔다 하며, 선량하고 상서로운 기운이 풍기는 사람은 말하는 것이 정직하고 말 수가 적다. 성정이 조급하여 불안한 사람은 잡다하게 말수가 많으며, 선량한 사람을 속여 해를 주는 사람은 얄팍한 언사가 떠다니듯 하고 지킬 것을 지키지 못하여 기개를 잃은 사람은 말이 당당하지 못하다. (제 1권 주역)

—— 慚(참): 부끄러워하다.
枝(기): 나무의 가지처럼 분산된 모양

18

國家將(舊無將字補之)有失道之敗, 而天乃先出災害, 以譴告之；不知自省, 又出怪異, 以警懼之；尙不知變, 而傷敗乃至. 以此見天心之仁愛人君, 而欲止其亂也. (卷十七 漢書五)

국가가 도를 상실하여 패도의 상태로 가게 되면 하늘은 이에 따른 벌로 먼저 재해를 내려 도덕을 상실한 잘못을 견책한다. 그리하여도 스스로 반성할 줄을 모르면 다시금 괴이한 현상이 나타나 이에 대한 경고와 함께 공포심을 주게 될 것이다. 그래도 변모할 줄 모른다면 군주가 상하게 되고 나라가 패망하는 결과가 도래할 것이다. 그러나 이것은 하늘이 군주에게 인애의 마음을 보여주는 것이다. 재난을 불러오는 패도의 행위들을 중단하길 바란다는 의사 표현인 것이다. (제 17권 한서 5집)

—— 譴(견): 견책하다.

5
양생(養生)

1

治身, 太上養神, 其次養形. 神淸意平, 百節皆寧, 養生之本也 ; 肥肌膚, 充腹腸, 開(開作供)嗜欲, 養生之末也. (卷三十五 文子)

자신을 수양하는 데 있어 가장 중요한 것은 정신수양이다. 신체를 보양하는 것은 그 다음의 일이다. 정신이 깨끗하고 의지가 평정을 유지하면 신체의 모든 기관이 조화를 이루고 강녕해진다. 이것이 양생의 기본이다. 살찌우고 배를 불리며 좋아하거나 하고 싶은 욕망을 충족시키는 것은 양생의 말초적인 작은 일에 불과하다. (제 35권 문자)

—— 太上(태상): 최고의
百節(백절): 신체의 각 기관

2

和神氣, 懲思慮, 避風濕, 節飮食, 適嗜欲, 此壽考之方也. (卷四十五 昌言)

정신과 기력을 조화시키고, 욕심으로 인한 잡다한 생각과 실망으로 인한 쓸 데 없는 염려를 경계하고, 풍습을 피하고, 음식을 절제하며, 하고 싶은 욕망이 도를 넘지 않도록 적당히 조절하면, 이것이 사람이 장수할 수 있는 방안이다. (제 45권 창언)

—— 懲(징): 극복하여 저지시키다.
適(적): 조절하다. 절제하다.

6
신시종(愼始終)

1

愼終如始, 則無敗事. (卷三十四 老子)

끝맺음을 시작할 때와 같이 신중하게 한다면 실패하는 일이 없다. 신중하게 한다는 말은 지나친 욕심을 부려 만족하기를 기대하지 말라는 말이다. 덕을 행하듯이 일을 해 나가면 시작과 끝이 동요됨이 없으며 꾸준하고 나태하지 않아 실패하지 않는다는 뜻이다. (제 34권 노자)

2

詩曰 :「靡不有初, 鮮克有終.」不能終善者, 不遂其國(國作君). (卷三十三 晏子)

《시경》에서 말하기를

「처음 시작할 때는 분발하지 않는 사람이 없다. 그러나 끝까지 이루어 내는 사람은 아주 적다.」라고 하였다. (제 33권 안자)

—— 靡(미): 없다.
鮮(선): 적다.
克(극): 해내다. 극복하다.

3

蒙以養正, 聖功也. (卷一 周易)

어렸을 때 바른 품성을 길러 주었다면 이것은 정말 성스러운 공덕이다. (제 1권 주역)

4

前事之不忘, 後事之師. 是以君子爲國, 觀之上古, 驗之當世, 參以人事, 察盛衰之理, 審權勢之宜, 去就有序, 變化應時, 故曠日長久, 而社稷安矣. (卷十一 史記上)

지나간 일들을 잊어서는 안 된다. 지나간 일은 후에 일어난 일에 가르침을 주는 스승이다. 그러므로 군자는 국가를 다스림에 있어 상고시대의 역사를 관찰하여 당시대를 검증하고 옛날 사람들에게 일어났던 많은 일들을 참고하여 흥망성쇠의 이치를 살펴본다. 또한 당시의 권세가 그 시대에 적합했는가를 따져서 세력이 오가는 과정에서의 나름대로의 질서를 살피고 세력 변화에 때를 놓치지 않고 대응한다. 그리하여 장구한 세월 속에서 사직을 안전하게 지켜 나가야 할 것이다. (제 11권 사기)

—— **曠**(광): 텅 비고 끝없이 넓다. 태평성대에 평화롭게 소일하는 의미로 쓰임.

5

武王問尙父曰 :「五帝之戒可聞乎?」尙父曰 :「黃帝之時戒曰, 吾之居民上也, 搖搖恐夕不至朝 ; 堯之居民上, 振振如臨深川；舜之居民上，兢兢如履薄冰；禹之居民上，慄慄恐不滿日；湯之居民上，戰戰恐不見旦.」王曰：「寡人今新幷殷居民上，翼翼懼不敢怠.」(卷三十一 陰謀)

주나라의 무왕이 상부에게 물었다.

「고대의 제왕들이 자신을 경계한 것에 관해 말해 줄 수 있겠습니까?

상부가 말하였다.」

「황제(黃帝)가 자신을 경계하는 것을 "내가 윗자리에 앉아 있는 것이 오늘 밤을 넘기지 못할까 무서워서 불안하다."라고 하였고, 요임금은 백성들 윗자리에 앉아 있는 것이 깊은 물가에 있는 것처럼 조마조마하다고 하였고, 순임금은 백성들 윗자리에 앉아 있는 것이 살얼음을 걷는 것처럼 위태롭다고 하였으며, 우임금은 하루도 못 넘길까 무섭고, 탕왕은 아침을 못 볼까봐 무섭다고 하였습니다.」

무왕이 말하였다.

「과인이 현재 은나라 백성들을 합병하여 다스리고 있는데 제 자신이 이를 태만히 할까 두렵습니다.」 (제 31권 음모)

—— 尙父(상부): 주나라의 대신. 이름은 여망(呂望)으로 주문왕이 그를 존중하여 숭상할 만한 아버지라는 뜻으로 상부라 하였다. 후세 황제들도 이를 본받아 대신을 공경하였다.

黃帝(황제): 중국 고대의 중원 각 민족의 공동의 선조. 신화에 등장하는 오대천제 중 제일천제.

搖搖(요요): 벌벌 떠는 모습

振振(진진): 조마조마 하는 모습

兢兢(긍긍): 불안한 모습

戰戰(전전): 불안한 모습

翼翼(익익): 공경하고 삼가 조심하다.

6

合抱之木, 生於毫末 ; 九層之臺, 起於累土 ; 千里之行, 始於足下. (卷三十四 老子)

아름드리나무도 털끝만한 작은 싹에서 시작되고, 구층 누각도 터다짐부터 시작되며, 천리 길도 한걸음부터 시작된다. 이 말은 조급함의 집착에서 벗어나고 시작과 끝의 맺음을 중시한다는 말이다. (제 34권 노자)

7

故不積跬步, 無以至千里 ; 不積小流, 無以成河海. (卷三十八 孫卿子)

고로 천리 길도 반걸음을 떼지 않으면 닭을 수 없다. 작은 물이 합쳐지지 않고서는 강과 바다를 이루지 못 한다. 단 한 번에 큰 대업을 이루기 어려우니 차근차근 단계를 밟아 이루어 나가라는 뜻이다.

(제 38권 손경자)

—— **跬步**(규보): 반걸음

8

九三 : 不恆其德, 或承之羞. 不恆其德, 無所容也. (卷一 周易)

구삼 항괘에서 보면 현재 덕망이 있다하여 그것이 영원히 가지는 않는다. 혹여 장래에는 자손에게 치욕을 남겨 줄 수 도 있다. 오래가지 않아 그 덕망을 잃는다면 세상 어디에도 몸을 의탁할 곳을 찾기 어렵다.

꾸준히 중단 없이 덕행을 하여 공덕을 쌓으라는 말이다. (제 1권 주역)

—— 九三(구삼): 항 · 괘 · 제 · 삼 · 효 · 상 · 미(恆 · 卦 · 第 · 三 · 爻 · 象 · 微)
容(용): 용신(容身)의 뜻. 몸을 의탁하다.

9

故見祥而爲不可, 祥必爲禍! (卷四十 賈子)

그러므로 좋은 징조가 있어 보일 때 그 반대의 경우를 생각해야한다. 좋은 징조가 급변하여 화로 바뀔 수 있기 때문이다. (제 40권 고자)

10

天作孼猶可違, 自作孼弗可逭. (卷二 尙書)

하늘이 내린 자연재해는 오히려 피할 수 있지만, 자신이 만든 죄악은 벗어나기 어렵다. (제 2권 상서)

—— 逭(환): 도피하다.

11

重爲輕根, 靜爲躁君, 奈何萬乘之主, 而以身輕於天下, 輕則失臣, 躁則失君. (卷三十四 老子)

건강한 나무는 뿌리가 튼튼하다. 따라서 나무를 튼튼하게 하려면 가벼운 뿌리를 무겁게 해 주어야 한다. 군주도 국권을 튼튼하게 유지하기 위해서는 조급함을 진정시켜 몸가짐을 진중하게 해야 한다. 만백성의 군주로서 어찌 세상 사람들 앞에서 몸을 가벼이 할 수 있겠는가? 몸을 가벼이 하면 신하를 잃고 마음을 조급히 하면 군주의 자리를 잃게 된다.

(제 34권 노자)

12

知人者智, 自知者明. 勝人者有力, 自勝者强. 知足者富, 强行者則有志, 不失其所者久, 死而不妄(妄作亡)者壽. (卷三十四 老子)

다른 사람이 어떠한지를 아는 사람을 현명한 사람이라 한다. 자신이 현명한 사람인지 못난 사람인지를 아는 사람은 안 들리는 소리를 듣고 보이지 않는 자신의 속을 들여다보았으니 이를 신명한 사람이라 한다. 자신을 이기는 사람은 자신의 욕정과 천하의 유무형의 모든 것들과의 싸움에서 이겼으니 이를 강한 사람이라 한다. 만족할 줄 아는 사람에게는 앞으로 오랜 시간을 복과 봉록이 작든 크든 충분하게 보장되었으니 이런 사람을 부자라 한다. 힘을 다하여 선을 행하는 사람은 도에 대한 의지가 있는 사람이고 하늘의 도 또한 이런 사람에게 의지를 갖고 있다. 스스로 절제하고 보양하여 하늘이 내리는 정기를 거르지 않고 받는다면 몸과 마음이 오래 보전될 것이다. 눈이 보는 것을 함부로 보지 않고 귀가 듣는 것을 함부로 듣지 않고 입이 말하는 것을 함부로 말하지 않으면 천하에 원한이나 해악을 남기지 않아 죽어도 죽지 않고 오래 장수할 것이다.

(제 34권 노자)

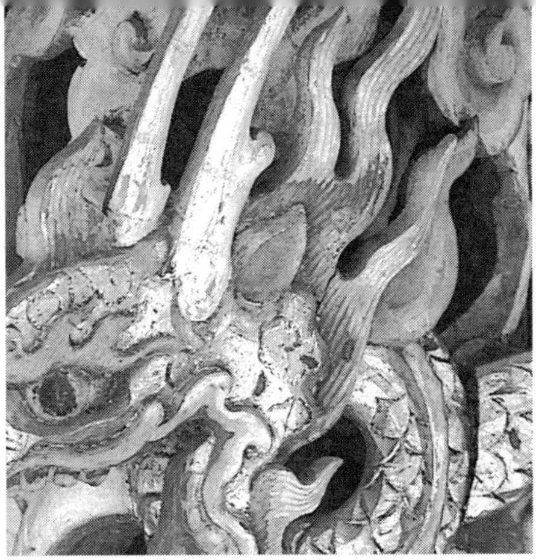

부 록

- 군서치요 원본 목록
- 중국역사 연대 구분
- 군서치요 경전 65종

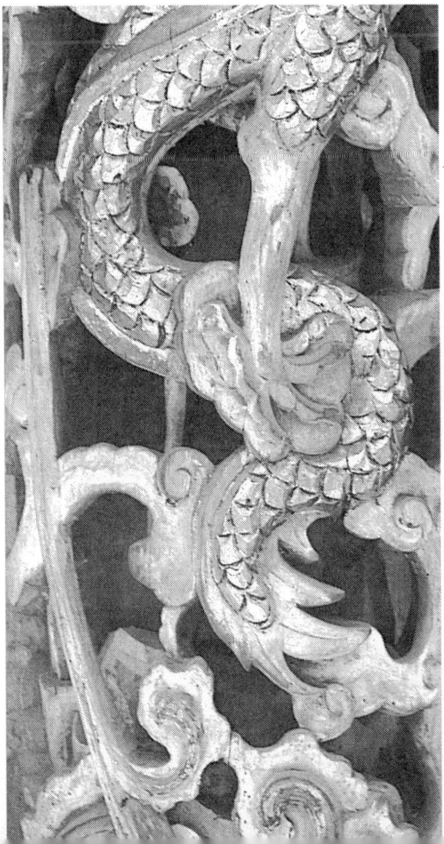

군서치요 원본 목록

제 1책 10권

제 1권 : 주역(周易)
제 2권 : 상서(尙書)
제 3권 : 모시(毛詩)
제 4권 : 춘추좌씨전상(春秋左氏傳上)
제 5권 : 춘추좌씨전중(春秋左氏傳中)
제 6권 : 춘추좌씨전하(春秋左氏傳下)
제 7권 : 예기(禮記)
제 8권 : 주례(周禮), 주서(周書), 국어(國語), 한씨외전(韓氏外傳)
제 9권 : 효경(孝經)
제 10권 : 공자가어(孔子家語)

제 2책 10권

제 11권 : 사기상(史記上)
제 12권 : 사기하(史記下), 오월춘추(吳越春秋)
제 13권 : 한서1(漢書一)
제 14권 : 한서2(漢書二)
제 15권 : 한서3(漢書三)
제 16권 : 한서4(漢書四)
제 17권 : 한서5(漢書五)
제 18권 : 한서6(漢書六)
제 19권 : 한서7(漢書七)
제 20권 : 한서8(漢書八)

제 3책 10권

제 21권 : 후한서1(後漢書一)
제 22권 : 후한서2(後漢書二)
제 23권 : 후한서3(後漢書三)
제 24권 : 후한서4(後漢書四)
제 25권 : 위지상(魏志上)
제 26권 : 위지하(魏志下)

제 27권 : 촉지(蜀志), 오지상(吳志上)
제 28권 : 오지하(吳志下)
제 29권 : 진서상(晉書上)
제 30권 : 진서하(晉書下)

제 4책 10권

제 31권 : 육도(六韜), 음모(陰謀), 육자(鬻子)
제 32권 : 관자(管子)
제 33권 : 안자(晏子), 사마법(司馬法), 손자(孫子)
제 34권 : 노자(老子), 할관자(鶡冠子), 열자(列子), 묵자(墨子)
제 35권 : 문자(文子), 증자(曾子)
제 36권 : 오자(吳子), 상군자(商君子), 시자(尸子), 신자(申子)
제 37권 : 맹자(孟子), 신자(愼子), 윤문자(尹文子), 장자(莊子), 위료자(尉繚子)
제 38권 : 손경자(孫卿子)
제 39권 : 여씨춘추(呂氏春秋)
제 40권 : 한자(韓子), 삼략(三略), 신어(新語), 고자(賈子)

제 5책 10권

제 41권 : 회남자(淮南子)
제 42권 : 염철론(鹽鐵論), 신서(新序)
제 43권 : 설원(說苑)
제 44권 : 환자신론(桓子新論), 잠부론(潛夫論)
제 45권 : 최식정론(崔寔政論), 창언(昌言)
제 46권 : 신감(申鑒), 중론(中論), 전론(典論)
제 47권 : 유익정론(劉廙政論), 장자(蔣子), 정요론(政要論)
제 48권 : 체론(體論), 전어(典語)
제 49권 : 부자(傅子)
제 50권 : 원자서(袁子書), 포박자(抱朴子)

중국역사 연대 구분(中國歷史年代區分)

하 · 상 · 주 시대(夏 · 商 · 周 時代)

기원전 2070 ~ 1600夏(하)
기원전 1600 ~ 1300商(상)-前期
기원전 1300 ~ 1046商(상)-后期
기원전 1046 ~ 841周(주)

춘추시대(春秋時代)

기원전 841 ~ 477
주(周), 노(魯), 제(齊), 진(晋), 진(秦), 초(楚), 송(宋), 위(衛), 진(陳), 채(蔡), 조(曹), 정(鄭), 연(燕), 오(吳)

전국시대(戰國時代)

기원전 476 ~ 231
주(周), 진(秦), 위(魏), 한(韓), 조(趙), 초(楚), 연(燕), 전제(田齊)
기원전 230 ~ 221
진(秦), 위(魏), 한(韓), 조(趙), 초(楚), 연(燕), 전제(田齊)

진시대(秦時代)

기원전 221 ~ 206

한시대(漢時代)

기원전 206 ~ 기원후 220

삼국시대(三國時代)

기원후 220 ~ 263
위(魏), 촉(蜀), 오(吳)
기원후 220 ~ 280
진(晋), 오(吳)

동진시대(東晉時代)

기원후 281 ~ 420

진(晉), 동진(東晉), 북위(北魏), 북량(北涼), 서량(西涼), 북연(北燕), 하(夏), 남량(南涼), 후진(后秦), 성(成), 전량(前涼), 전조(前趙), 후조(后趙), 전진(前秦), 전연(前燕), 후연(后燕), 남연(南燕)

남북조시대(南北朝時代)

기원후 420 ~ 554

송(宋), 북위(北魏), 북량(北涼), 서량(西涼), 북연(北燕), 서진(西秦), 하(夏), 양(梁)

기원후 554 ~ 589

양(梁), 서위(西魏), 북제(北齊), 후양(后梁), 고창(高昌)

수시대(隨時代)

기원후 589 ~ 618

군서치요 경전 65종

1. 管子(관자): 춘추시대(기원전 770~476)에 管仲(관중)이 저술한 책임. 군사와 농업부문에 대하여 기술한 것으로 연구 가치가 큰 것으로 평가됨.

2. 賈子(고자): 賈誼 (고의: 기원전 200~168)의 저서임. 신서(新書)로도 알려져 있음. 서한의 정치가이며 작가임. 농업을 중시하고 상업을 억제할 것을 주장함. 제후를 약화시키고 중앙집권 강화를 주장함.

3. 孔子家語(공자가어): 삼국시대(서기 220~280) 위나라의 왕숙(王肅)이 공자의 어록을 작성한 것임.

4. 國語(국어): 춘추시대(기원전 841~477) 左丘明(좌구명)이 쓴 저서임. 주 · 노나라의 군주와 신하간의 문답 위주로 총 21권으로 구성. 춘추외전이라고도 불림.

5. 老子(노자): 춘추시대(기원전 841~477)에 쓴 것으로 도덕경이라고도 불림.

6. 呂氏春秋(여씨춘추): 여람(呂覽)이라고도 불리며 전국시대 말기(기원전 230~221) 呂不韋(여불위)가 자신의 집에 문객들을 한데 모아 저술한 대작임. 유가와 도가사상을 위주로 하여 각 학파의 논리를 집대성하였음. 진나라의 통일과 치리국가의 과정에서 사상적 근거로 활용되었음.

7. 劉廙政論(유익정론): 삼국시대 위나라 사람 유익(180~221)의 저서임. 위 문제(조비) 시절 정치평론 서술함.

8. 論語(논어): 춘추시대(기원전 841~477)의 국가 치리에 관한 공자의 어록과 제자들과의 대담 내용들을 전국시대(기원전 475~221)에 집대성한 것으로 공자학설 연구의 가장 중요한 자료임.

9. 孟子(맹자): 전국시대(기원전 372~289)의 사상가 · 정치가 · 교육가임. 現 산동성 동남현 사람으로 자사(子思)의 문하생임. 공자의 인의 관념을 발전시켜 인의 정치를 강조하고 민본사상을 피력하였

음. 이름은 가(軻), 자는 자여(子與)임. 맹자는 총 11편으로 구성되어 있으나 현재 전하는 것은 그중 7편임.

10. 毛詩(모시): 고대의 시경라고도 불림. 중국의 가장 고대의 시선집임. 서한 초기학자 모형(毛亨)과 사촌인 모장(毛萇)의 시가 가장 잘 알려져 있음. 기원전 10~7세기까지의 고대 시와 노래 305편이 실려 있음.

11. 묵자(墨子): 묵가학파의 창시자임. (기원전 468~376) 춘추말기에서 전국시대 초기까지의 사상가 · 정치가로 활약하였으며 원래 송나라 사람이나 노나라에 건너와 계속 거주하였음. 이름은 적(翟)이고 묵자는 그의 저서임.
공자의 학설이 당위성에 너무 치우친다고 비판한 유교사상의 주요 반대파임. 귀족의 세습제를 반대하고 윗사람이 말하면 아랫사람이 받들어 따르는 유가적 방식을 비난하였음. 귀족의 사치생활을 비판하고 신분의 귀천을 반대하여 상동(尙同)의 정치를 주장하였음.

12. 傅子(부자): 부현(傅玄, 265~317)의 저서임. 동진시대 사람으로 기의 흐름을 서술하고 신을 부정하였으며 농사일을 가장 신성한 직업으로 권하였음.

13. 三略(삼략): 상략 · 중략 · 하략으로 나뉘어 있음. 상략은 군참(예언), 중략은 군세, 하략은 국가 안위와 자신의 의견을 피력하였음. 진나라 말기의(서기 200년경) 황석공(黃石公)의 저서로 알려져 있으나 최근에는 작가미상이라는 주장도 있음.

14. 商君子(상군자): 전국시대(기원전 475~221) 상앙(商鞅)과 그의 제자가 쓴 저서임. 그는 혁명에 대한 믿음이 강하여 그의 이론은 진시황의 천하통일에 채택되어 활용되었음. (기원전 259~210)

15. 尙書(상서): 尙은 上이라는 뜻으로 중국 상고시대의 사실, 사건의 기록으로 구성되어있음. 서(書) 또는 서경(書經)이라고도 불림. 서한 초기에 있던 금문 · 상서와 한 무제 때 공자 자택의 담 사이에서 발견된 고문상서와의 합편이 현재 우리가 보는 상서임. 유가경전 중 하나임.

16. 孫子(손자): 춘추시대(기원전 770~476) 손무(孫武)가 저술한 세계 최초의 체계적인 병법서임. 손자병법이라고도 함.

17. 說苑(설원): 서한시대(기원전 206~서기 9) 류향(劉向)이 저술한 책임. 진에서 한나라에 이르기까지의 유가사상에 의거한 정치사상과 윤리 · 도덕에 대한 서술함.

18. 司馬法(사마법): 고대 군사 조직에 대해 서술한 책으로 상나라(기원전 1600~1046) · 주나라(기원전 1046~256)시기의 올바른 용병을 요약 기술하였음.

19. 史記(사기): 사마천(司馬遷)이 당시(기원전 109~91)에 저술한 책으로 황제(黃帝)시대로부터 서한시대(기원전 206~서기 9)에 이르기까지의 중국역사를 기술한 책임. 중국 최초의 체계적인 역사 기술서라고 할 수 있는 책으로 3000년의 역사를 망라한 방대한 책으로 130권으로 되어 있음.

20. 孫卿子(손경자): 순황(荀況)이나 순자(荀子)로도 알려져 있음. 전국시대 말의 사상가이며 교육가임. (기원전 313~238) 이름은 황(況)임. 높여서 손경(孫卿)이라고도 불림. 조나라 사람으로 한비(韓非)와 이사(李斯)가 그의 제자임. 맹자의 성선설과 대조되는 대표적 성악설 주창자임.

21. 尸子(시자): 전국시대(기원전 475~221)에 진나라의 시교(尸佼: 기원전 390~330)가 저술한 책임. 그는 상군자를 쓴 상앙의 스승임.

22. 新語(신어): 한나라 때(기원전 206~서기 220) 육가(陸賈)가 저술한 책임. 도의 개념을 국가치리에 인용한 책임.

23. 新序(신서): 유향(劉向)의 저서로 한나라(기원전 206~서기 220)가 약해지는 것을 보고 지도자와 보좌하는 사람들을 비판한 책임.

24. 愼子(신자): 전국시대(기원전 475~221) 신도(愼到, 기원전 395~315)가 저술한 책으로 법치주의자들의 교과서와도 같은 책임.

25. 晏子(안자): 춘추시대(기원전 770~476) 안영(晏嬰)이 저술한 책임. 주나라의 대신으로 주나라의 세 군주를 보좌하였음. 형벌과 세금의 감면을 주장하였음.

26. 袁子正書(원자정서): 원준(袁准)의 저서임. 정치에서 인덕과 법의 균형을 이루는 것이 필요하다는 의견을 피력함.

27. 尹文子(윤문자): 전국시대(기원전 475~221) 윤문(尹文)이 저술한 책임. 좋은 정치 원칙 역설함.

28. 陰謀(음모): 주나라(기원전 1046~256) 강태공과 주무왕의 문답을 수록한 책임.

29. 鬻子(육자): 상나라(기원전 1300 ~ 1046) 말기 주나라(기원전 1046~841) 말기 사람으로 주문왕의 스승. 무왕과 성왕도 가르침. 육자는 도가사상을 수록한 책임.

30. 吳子(오자): 삼국시대(220~280) 오기(吳起)와 위문후, 위무후 간의 대화를 수록한 책임.

31. 吳越春秋(오월춘추): 춘추시대(기원전 770~476)의 오나라와 월나라에 관한 역사를 기록한 책임. 조엽(趙曄)이 저술함.

32. 尉繚子(위료자): 위료가 저술한 용병과 군사력에 관한 책. 중국고대병서로 무경칠서 중 하나임. 전국시대(기원전 476~221)

33. 六韜(육도): 중국 고대의 병서. 무경칠서 중 하나. 강태공(呂望)의 저서. 육도는 이후 송대에 이르기까지 활용했던 중국 병서 중 하나임.

34. 列子(열자): 전국시대(기원전 476~221) 열어구(列御寇)의 저서. 원래 저술된 열자 8편은 소실되고 현재 전하는 열자 8편은 진(晋)나라 사람이 복원한 것으로 추정되며 민간고사와 만언, 신화, 전설로 꾸며져 있음. 도교 경전 중 하나임.

35. 禮記(예기): 중국 5대 경전 중 하나로 고대 주나라 시대(기원전 1046~256) 때의 국가 의례 · 조직 · 편제 등을 수록한 유교경전임. 원래 공자 자신이 저술하였으나 진시황 때 모두 소실되고 한나라 때(기원전 206~서기 220) 대덕(戴德)과 동생 대성(戴聖)을 포함한 많은 학자에 의해 복원되었음.

36. 莊子(장자): 장주(莊周)와 그의 제자들이 도가의 말씀을 모아 작성한 것으로 전국시대(기원전 475~221)로 추정됨. 노자의 도가사상과 비슷한 점이 많으며 많은 이야기들을 후세에 남김.

37. 周易(주역): 역경(易經)이라고도 함. 주왕조(기원전 1046~256)의 문학과 정부행정에 많은 영향을 끼친 책으로 기원전 2800~2737년

으로 거슬러 올라가기도 함. 후에 춘추시대(기원전 770~476)에 와서 공자가 통칭 십익이라고 불리는 주해를 붙여 현재에 전하는 역경의 주석을 붙였다고 전함. 한나라 때에는 이를 역전(易傳)이라고 부르기도 하였음.

38. **周書**(주서): 북주시대(557~581)의 국가역사기록임. 636년에 역사학자 금호덕분(今狐德棻)이 재구성하여 완성시켰음.

39. **周禮**(주례): 공자의 예와 관련한 고대 3개 경전 중 하나임. 예기(禮記), 의례(儀禮)와 함께 중국 3대 문학작품의 하나임.

40. **莊子萬機論**(장자만기론): 장제(蔣濟: 서기 220~265)의 저서임. 삼국시대 위문왕에게 돌림.

41. **典語**(전어): 육경(陸景, 서기 250~281)이 저술한 책으로 31세에 요절한 그가 쓴 많은 책 중 유일하게 전해지는 책임. 정치와 정부 관리의 지나치게 높은 급여에 대한 국가 재정 부담 등을 말하고 있음.

42. **典論**(전론): 조비(曹丕: 서기 187~226)의 저서. 총 5권으로 편찬된 문학작품으로 알려져 있음. 조비는 위나라의 위문제(魏文帝)임.

43. **晋書**(진서): 동 · 서 진나라의 역사서(서기 317~420) 남북조시대에 쓰인 것을 모아서 당나라 때 방현령(房玄齡)의 지휘 하에 재편집함(서기 644~646)

44. **潛夫論**(잠부론): 동한시대(서기 25~250) 때 왕부(王符)의 저서임. 국가의 당면한 문제와 국가 관리의 비행을 비판하고 백성들의 현실을 서술함.

45. **昌言**(창언): 중장자창언(仲長子昌言)이라고도 함. 동한 말에(서기 25~220) 중장통(仲長統)의 저서임.

46. **春秋左氏傳**(춘추좌씨전): 춘추전국시대(기원전 770~476)에 좌구명(左丘明)의 저서로 전해짐. 중국 고대의 사학 문학의 명저서임.

47. **崔寔政論**(최식정론): 동한시대(서기25~200)의 정치평론가 최실(또는 최씨라고 불림)의 저서임. 덕치와 형벌의 병행을 주장하였음.

48. **曾子**(증자): 노나라에서 공자의 제자로 있었던 증삼(曾參: 기원전

505~436)의 저서임.

49. **政要論**(정요론): 삼국시대(서기 220~265) 환범(桓範)에 의해 저술된 책. 국가인재임용방법을 서술한 책임. 그는 국가의 전망은 지도자의 수양과 도량에 따라 달라진다고 말하였음.

50. **中論**(중론): 동한시대(서기 25~200)에 서간(徐幹)에 의해 저술된 책임.

51. **體論**(체론): 두서(杜恕)가 저술한 책. 정치와 도덕관계 서술함.

52. **韓時外傳**(한시외전): 서한시대(기원전 206~서기 9) 한영의 저서. 고사 · 고어를 기술하여 시문학적 중요 자료임.

53. **漢書**(한서): 서한시대(기원전 206~서기 9) 반고(班固)가 아버지가 쓴 후전(後傳)을 기초로 쓰던 것을 그가 죽고 나서(서기 92년) 누이동생인 반소(班昭)가 이어서 완성하였음. 이는 중국의 4대 역사서 중 하나임.

54. **韓子**(한자): 전국시대(기원전 475~221)에 한비(韓非)의 저서. 한비자로 더 알려짐. 그의 스승인 순자(荀子)의 성악설을 전수 받아 국가의 통치는 상과 형벌을 병행할 것을 주장함.

55. **鶡冠子**(할관자): 전국시대(기원전 476~221) 사람으로 모자에 새털을 꽂고 다녀서 붙여진 이름. 원이름은 알려지지 않음.

56. **淮南子**(회남자): 서한시대(기원전 206~서기 9) 서한의 회남왕 유안(劉安)과 그의 문객인 소비(蘇非), 이상(李尙), 오피(伍被)와 같이 저술하였음.
도가 사상을 중심으로 유가, 법가, 음양도행 사상 등을 저술함.

57. **桓子新論**(환자신론): 동한시대의 환담(桓譚: 서기 20~56)의 저서. 박학다식하고 음악에 조예가 깊었음. 철학자 정신은 신체를 떠나서 독립적으로 존재할 수가 없다고 주장하여 신선과 장생을 부인하였음. 무신론으로 발전함.

58. **抱朴子**(포박자): 진나라 시대(晋, 서기 317~420) 갈홍(葛洪)이 지음. 호는 포박자, 의학자이며 도교 신봉함.

59. **鹽鐵論**(염철론): 서한시대(기원전 206~서기 9) 환관(桓寬)이 저술

한 책임.
주요 내용은 소금과 철의 국가독점에 관한 것이나 정치 · 경제 · 문화 · 군사 같은 다양한 주제가 곁들여 있음.

60. 文子(문자): 전국시대(기원전 476~221) 문자가 저술한 책. 노자의 제자임.

61. 申鑒(신감): 순열(荀悅)의 저서. 동한 말 시대(서기 25~220)에 활동. 인간의 도덕적 기초 위에서 인의 덕과 올바름을 강조함.

62. 後漢書(후한서): 동한시대(서기 25~220)의 역사를 기록한 책으로 범엽(範曄: 서기 398~445)이 완성하였음.

63. 申子(신자): 동주전국시대(기원전 475~221)의 법가사상의 대표적 학자인 신불해(申不害: 기원전 395~337)의 저서. 저명한 사상가이며 개혁가. 韓(한)나라의 개혁을 주도하였다. 원래 도가사상으로 출발하여 법가사상을 완성함.

64. 孝經(효경): 전국시대 초(기원전 476~231) 공자와 제자들, 증자 간의 효도에 관한 대화록을 작성한 것임. 당나라 현종, 명황 때 주해를 거쳐 송나라 때의 유학자 형병(邢昺)의 주해를 거쳐 오늘날의 효경에 이름.

65. 三國志(삼국지): 진나라 때(서기 265~420) 서진의 진수(陳壽)가 쓴 책으로 위(魏) · 촉(蜀) · 오(吳) 삼국의 역사기록. 남송시대(서기 420~589)에 와서 배송문(裵松文)이 주석하여 재해석 됨. 위지(魏志) · 촉지(蜀志) · 오지(吳志) 삼전으로 구성됨.

이종선

연세대 정법대학 정치외교학과 졸업
연세대학교 대학원 정치외교학과 수료
중국 현지 중도 유한공사 설립, 경영
러시아 현지 주식회사 로스코 설립, 경영

人君(群書治要)

LEADER'S PRINCIPLES
OF ANCIENT CHINA

초판 1쇄 발행 _ 2014년 7월 10일

역 자 · 이 종 선
발행인 · 정 현 걸
발 행 · 신 아 사
인 쇄 · 예지인쇄
주 소 · 서울특별시 은평구 통일로 59길 4(2층)
전 화 · (02) 382-6411 팩스 · (02) 382-6401
홈페이지 · www.shinasa.co.kr
E-mail · shinasa@daum.net
출판등록 · 1956년 1월 5일(제9-52호)

ISBN: 978-89-8396-861-6(03100)

정가 *12,000* 원